二十四人の東大生が

東大合格のコツ

詳しく教えます

まえがき

東京大学に合格するために必要なことは、たくさんある。「優秀な人達と共に学びたい」「優秀な教授、拾いキャンパス等、よい環境のなかで学生生活を送りたい」、はたまた「東京へ行って生活してみたい」など、東大を目指すための動機がある。勉強計画も必要だ。実際に紙などに書き出すかどうかは別として、多くの東大受験生が計画性をもって勉強している。受験に必要となる科目数が多い東大の試験には、ただ闇雲に勉強していただけでは非常に効率が悪い。自分自身を客観的に見つめ、自分に合った計画を立てる。

東大の試験を突破するためには、地道に積み重ねた勉強が必要となる。ただ、高校生活のなかには、学校行事・部活動をはじめ、ゲームや漫画など誘惑がたくさん存在する。そんな誘惑のなかにあって、勉強を続けるためには日々の勉強を淡々と続けていくための自制心も必要となる。

東大合格に必要なことの一例を示したが、もちろんその他多くの要素が、東大合格のためには必要となる。受験期には苦しいことがたくさんある。だが、東大には苦難を乗り超えて目指すだけの価値が確かにある。

本書には東京大学に合格した学生たちに、東大受験に関わるさまざまな質問に応えてもらった。実際に東大を受験した経験は、これから東大を受験する受験生にとって必ず役立っていく。本書が読者の皆様方にとって少しでも有益な情報となれば幸いである。

※なお、本書は「東大文Ⅰ」の後継にあたる書物になります。

【目次】

先輩からのメッセージ

文科一類

岡本宇弘〈おかもと　たかひろ〉

○科　類：文科一類
○出身校：私立駒場東邦高校
○現役・浪人：現役
○センター試験得点：799点／900点

○得意科目：数学、地理
○不得意科目：現代文、古典
○親の職業：会社員

【合格年（2014年）】
前期：東京大学・文科一類　○
後期：東京大学・全教科　　出願

◆通っていた塾又は予備校
・小学校：日能研
・中学校：なし
・高　校：鉄緑会、東進ハイスクール・東大特進コース

◆駿台予備学校の「東大実戦」
○2013年
・8月：A
・11月：A

◆河合塾の「東大OPEN」
○2013年
・8月：A
・11月：A

◆東進ハイスクールの「東大本番レベル模試」
○2013年
・6月：240点
・9月：249点
○2014年
・1月：270点

◆高校3年時の自主学習の時間
○受験時の夏休みまで（7月まで）：約4時間
○夏休み（8月）：約10時間
○夏休み後（9月～12月上旬）：約5時間
○冬休み（12月下旬）：約11時間
○直前期（1月～2月）：約10時間

●あなたはどうして東大を受験しようと思ったのですか？

一言では大変に言い難いのですが、強いて言うならば、自分が社会において最も貢献できるような分野を発見し、〝自分の物にする〟場所として、東京大学を最も魅力的に感じたためです。

私はよく言えば興味のある分野が多い、悪く言えば優柔不断なので、「自分はこれを極めよう」というような物を高校生の間にはっきりと一つに絞り込むことができませんでした。実際、現在も都市工学や環境工学、国際法、法医学など、様々な分野に興味を抱いています。これらの学問を、1年時から日本で最高水準の教官の方から学ぶことができ、しかも専攻の絞り込みを2年時まで先延ばしにできるという東大の特徴は、日本の他の大学ではなかなか見当たりませんでした。

○あなたが「これは効果がある！」と実感した勉強方法はどんなものでしたか？

「過去に自分が得た知見と、新しく得た知見を関連させる」という勉強方法は、教科にかかわらず効果があったように思います。過去に得た様々な知見と新しい知見を無理にでも関連させ、意識して連想しようとすることで、過去に得た知見の復習ができると同時に、新しい知見の習得を印象深くすることができるのだと思います。

例えば、〝Do you remember me from Paris?〟という英文の〝from〟が、「『出自』の〝from〟である」と授業などで学んだ瞬間に、「以前に学んだ『大学時代の友人』の表現は、〝a friend from college〟で出自の〝from〟を使うんだったな」と瞬時に連想する、といった要領です。

●教科別のオススメの勉強方法はありますか?

世界史の勉強方法についてです。

過去問演習の自分の答案を推敲する段階で教科書を参照すると思うのですが、その際に「教科書の記述やフレーズで解答に使った箇所に出題年度と問題番号をメモしておく」という勉強法が有効だと思います。センター試験直前や二次試験直前に教科書を最終チェックのために通し読みをした際、問題番号のメモを参照することで、以前に解いた過去問を連想することができ、その問題で使用した知識、問題へのアプローチ法などを同時に復習することができます。

この方法は直前期の勉強効率の向上につなげられたと思っています。

○勉強はどのような場所で行っていましたか?

勉強は自宅の自室で行っていました。

自室にはベッドなどがあるため睡眠欲にすぐに負けてしまいそうですが、眠い状態では勉強効率が悪くなります。〝眠い〟と思ったら15分ほど寝てしまった方がむしろ効率がよいと思いますので、自習室よりも快適な睡眠環境が得られる自室の方が逆によいと考えていました。

また、英語を勉強する際は音読が不可欠ですし、世界史や地理などでも独り言を喋りながら勉強する癖が自分にはあったので、周囲に気を遣わずに勉強することのできる自室が自分にとっては最適な環境でした。些細なことですが、自室は自宅からの移動時間も存在しません。

●大学受験において、インターネットをどのように活用していましたか？

英語と世界史について、特に活用していました。

英語については、口語的で電子辞書等に載っていない表現などを、そのままGoogle検索にかける手段が有効でした。その表現が実際に使われているサイトを読んだり、あるいは他の非英語母語話者の方がその表現について質問をしているサイトの回答文を読んだりすることで、その表現についての理解を深めることができます。

世界史については、教科書程度では物足りない世界史の事項を検索にかけることで、知識や理解を深めることが可能です。

○勉強スケジュールは1日単位で組んでいましたか？

組んでいました。就寝前の5分ほどの間に、次の日にやっておきたいことをリストアップし、1〜2時間程度のコマ割りでタイムテーブルを作っていました。そうすることで、勉強がある意味で事務的なタスクのようになるため、受験期におけるモチベーションの増減の影響を受けにくくなると思います。

また、たいていは非現実的で極度に理想的な厳しいタイムテーブルを組むことになるので、次の日に予定していた勉強を結局すべて終わらせることはほとんど不可能になり、よい意味での焦りや緊張感を保つことができます。ただ、逆にそれがストレスとなってしまうこともあるので、そのような時は無理にタイムテーブルを作る必要はないと思います。

●受験期で一番印象に残っているエピソードは何ですか？

受験期の夏休みに進路や将来への悩みで勉強に手がつかなくなってしまい、学校の担任の先生に数時間にもわたって相談に乗っていただいたことが特に印象に残っています。もともと私は経済学に興味があり、文科二類に進もうと考えておりましたが、受験期の7月に経済学者の方とお話しする機会に恵まれ、その方との対話を通じて〝実は経済学にたいして興味がないのではないか〟と思うようになり、自分の目指すべき対象を失ってしまったように感じてしまいました。その際に、担任の先生に悩みを打ち明けたことで、「自分が将来、どのような人間として社会に役立てるのか」ということに関して真剣に考え抜く機会が得られたことは、とても印象深く、そして重要な体験だったと思います。

オススメの参考書

❶『Intermediate Listening Comprehension Understanding and Recalling Spoken English』

教科名：英語

出版社名：松柏社

オススメの理由：500words程度の素材を、三種類の速さ、読み方で聞くことが出来る。リテンションが行いやすい。

＊　＊　＊

❷『数学ショートプログラム』

教科名：数学

出版社名：東京出版

オススメの理由：隙間時間に気軽に眺めることで、社会の勉強に追われていた直前期に文系特有のテクニックや数学の感覚を維持することが出来る。

＊　＊　＊

❸『データブックオブ・ザ・ワールド』

教科名：地理

出版社名：二宮書店

オススメの理由：受験勉強に飽きたときに読んでいた。いくらでも時間を潰せる。

河原俊弥〔かわら　としや〕

○**科　類**：文科一類
○**出身校**：私立麻布高校
○**現役・浪人**：現役
○**センター試験得点**：774点／900点

○**得意科目**：英語
○**不得意科目**：数学、世界史
○**親の職業**：サラリーマン

【合格年（2014年）】
前期：東京大学・文科一類　○
後期：東京大学・全科類　　出願

◆通っていた塾又は予備校
・小学校：SAPIX
・中学校：なし
・高　校：Gnoble、駿台予備学校、東進ハイスクール・東大特進コース

◆駿台予備学校の「東大実戦」
○2013年
・11月：B

◆河合塾の「東大OPEN」
○2013年
・11月：A

◆東進ハイスクールの「東大本番レベル模試」
○2013年
・9月：195点
○2014年
・1月：265点

◆高校3年時の自主学習の時間
○受験時の夏休みまで（7月まで）
：約4時間
（学校のない日は8時間くらい）

○夏休み（8月）
：約8時間
○夏休み後（9月～12月上旬）
：約4時間
（学校のない日は8時間くらい）
○冬休み（12月下旬）
：約11時間
○直前期（1月～2月）
：約9時間

●あなたはどうして東大を受験しようと思ったのですか？

父が麻布から東大だったので（子供によくある父親への憧れがあってか）、そのマネをする形で幼稚園の年長頃に麻布から東大に行くことに決め、そのまま進学しました。また後で調べると、東大は家に近く、進学振り分け制度があり、優秀な先生と生徒が集まるということで、全体的に申し分がなかったのも、そのまま進学した理由でした。

麻布は自由な校風で勉強しなくても怒られないので、高2の終わりくらいまで遊び呆け、それでも最後には集中的に勉強して東大等の名門校に合格なさる先輩が多かったです。身近な先輩方がそうして東大に入っていくのを見るうちに、〝自分も部活等を頑張りつつ、けじめをつけて勉強に取り組める人間になりたい〟と思い、先輩に続く形で東大に入りたいとも思いました。

○勉強は好きですか？　それとも嫌いですか？

わりと好きです。一生懸命やっていると理解できるようになりますし、成績もちゃんと伸びて、前まで絶対勝てなかった人にも勝てるようになったりするからです（たぶん一生懸命やっても、あんまり上手くいかないこともあると思うので）。これはいい先生や教材に出合えたからだと思いますが、例えば世界史はストーリーみたいになっていて、勉強自体も結構面白いと思ってやっていました。あと世界史や地理を勉強すると、本を読んだ時にスッと入ってくることが多くなったので、そういう時にも「やっといてよかったな」なんて思って、それが勉強するモチベーションにもなりました。

●あなたが得意な教科の勉強方法はどういったものでしたか?

英語が得意でした。留学して、文の雰囲気はわかるようになりました。ただし、中学でも留学先でも勉強しなかったため、単語はほとんどわからないし、文法知識も皆無という状態だったので、通塾し、塾の教材を解き込みました。高3の夏休みまでの教材で、文法の全分野と重要単語の大半が網羅されていたので、夏の時間がある時にそれらをやり込むことで、点数が安定するようになりました。パラグラフ整序（パラ整）、英作文などを放置した結果、少し苦手になりましたが、やはり冬休みまでに、それまでに解いたパラ整の見直し、短文英作の書き直しによって一気に改善し、特に苦手ではなくなりました。パラ整や要約はコツがわかるとできるようになるので、焦らず取り組むといいでしょう。リスニングは定期的に取り組み、点数が取れるよう確認しました。

○あなたが不得意な教科の勉強方法はどういったものでしたか?

数学と世界史が苦手でした。

数学は好きではなかったので、「最低限やろう」と塾の教材のみをやっていました。前期、後期それぞれ60題程度で問題数は少ないのですが、大切な考え方を網羅してあったので「期待しすぎず、諦めず」という感じで毎日定量解きました。夏休みと冬休みの復習で伸び、楽しくなってきたので、最後は量を増やしました。計算ミス撲滅を意識していました。

世界史は、始めるのが遅かったので、いろいろやろうとして迷走しましたが、夏の終わりから（眠くなって効率の悪い教科書を一旦やめ）『荒巻の世界史の見取り図』（ナガセ）を読み、全体を掴んだことで弾みがつきました。その後は塾のプリントを中心に、直前期までずっと知識を入れました。論述はたまにやる感じで、知識を重視していました。

●勉強をする上で、工夫していた点はどういったところでしたか？

自習時間に書くことを極力避け、読み込み等を中心にしました。漢字などは書くといいと思いますが、自分でまとめノートを作ったりすると非常に時間がかかります。書くのにかかる時間の間に、さらっとでも何回も読むことの方が記憶に残りやすいと思いました（書くよりラクで楽しいですし）。

一方、授業中など、（教室に）縛られ、他の生徒と同じ時間を共有する場合は、字は読める程度になるよう心がけつつ、ひたすら書きまくることを意識しました。どうせ同じ時間勉強するなら、たくさん聞き、書く方が得だからです。書く方が何度も読むより記憶に残りやすい人もいるでしょうが、いずれにせよ、「同じ時間で何をするのがお得か」、他の選択肢と比べてみることが大切だと思います。

○授業のノートはどのように取っていましたか？

これは高3になると大抵の人がするようになることなので、高2以下の方に向けて書くことになりますが、先生のしゃべることまでノートに書くようにしましょう。数学ならば、左詰めで板書を写し、ノートの右側を空けておくことによって、先生による補足等を書き込めるようにするなどの工夫をするのがよいでしょう。書くことによって印象に残りますし、他の受講者と同じ時間を消費する以上、できるだけ先生から吸収すべく、ノートも貪欲に取るのがいいでしょう。

僕は高3になるくらいからこのようにノートを取っていましたが、このようなノートの取り方を高2以前からしっかりすることによって、他の人と差をつけることができるでしょう。

小林健悟〈こばやし　けんご〉

○科　類：文科一類
○出身校：私立洛南高校
○現役・浪人：一浪
○センター試験得点：（現役）801点／900点
：（浪人）780点／900点

○得意科目：数学
○不得意科目：国語
○親の職業：公務員

【合格年（2014年）の受験校】
前期：東京大学・文科一類　○
後期：一橋大学・経済学部　出願
私大1：慶應義塾大学・法学部　○

【前年（2013年）の受験校】
前期：東京大学・文科一類　×
後期：東京大学・全科類　×

◆通っていた塾又は予備校
・小学校：京進
・中学校：なし
・高　校：研伸館
・浪　人：代々木ゼミナール

◆駿台予備学校の「東大実戦」
○2013年
・8月：A　284点
・11月：A　234点
○2012年
・8月：C

◆河合塾の「東大OPEN」
○2013年
・8月：C
・11月：C
○2012年
・8月：C
・11月：C

◆代々木ゼミナールの「東大プレ」
○2013年
・7月：A　269点
○2012年
・7月：D
・12月：C

◆東進ハイスクールの「東大本番レベル模試」
○2014年
・1月：262点
○2013年
・1月：249点

◆高校3年時の自主学習の時間
○受験時の夏休みまで（7月まで）：約4時間
○夏休み（8月）：約8時間
○夏休み後（9月～12月上旬）：約4時間
○冬休み（12月下旬）：約8時間
○直前期（1月～2月）：約8時間

●受験期において、一番印象に残っているエピソードは何ですか？

エピソードと言えるのか疑問ですが、夏の東大実戦模試が返却された時です。現役時は1点台という僅差でダメだったのですが、自分の実力不足は受け入れていました。リベンジを果たすべく、浪人生活が始まってからこの模試に照準を定めて勉強することにしました。

夏までは頑張っていたこともあって試験の感触もよく、返却を楽しみにするだけの余裕もありました。結果はなんと上位20位台でのA判定。この時ばかりは〝これで次はいけるかも〟と希望が見えてきて嬉しかったです。

実際この模試で勢いがつき、以後少し失敗した試験があっても前向きに考えることができたので精神的にも助けてくれた模試でしたし、秋以降の計画の助けにもなったのかなと思います。

○あなたはどうして東大を受験しようと思ったのですか？

高2までの学習状況から東大と京大を考えた結果、京都は地元ですし、東京に一人で出ていくことに魅力を感じたので東大にしました。我ながら進学校の生徒らしい志望動機ですね（笑）。

それに全国模試の上位者表を見れば明らかなように、文系の優秀な学生はやっぱり東大に集まるんですよね。そんな彼らとともに切磋琢磨できることは、きっと一生の財産になるだろうと思いました。そう、受験を終えたいまだからこそ振り返ってこのように書けるんですけど、当時はそこまで意識することなく、「東大文一は単純に文系最難関であり、そこに挑戦したい」と若いながらに考えてしまったのが一番だったんじゃないですかね。

●あなたが得意な教科の勉強方法はどういったものでしたか？

数学が得意と書きましたが、その数学で失敗した時も陰で支えてくれた世界史の存在が大きかったですね。

やはり浪人生は社会を武器にすべきです。自分はシンプルではありますが、「配られたテキストの記述を全部覚えてしまう」という勉強をしました。

一見壮大なことを言っているように聞こえますが、やり方はそう難しくはありません。紙に章・項目ごとに小見出しをまとめておいて、それを見ては該当部分の記述内容を思い出すようにしていました。こうすれば暗記もしやすいですし、試験の時に、

「わかっているのに書けない」

というもどかしい思いをせずに済みました。

試験では、世界史を早く終わらせることで、次の地理にも多めの時間を割けたことが地理の点数向上にもつながってくれました。

○勉強をする上で、工夫していた点はどういったところでしたか？

とにかく「手段と目的を履き違えないこと」を意識していました。

例えば、長時間勉強することや問題集を何周もすること、演習を数多く積むことなどに熱心になっても、肝心の成績が伸びなければ本末転倒ですよね。そこを意識して、「いま自分は本番で、どこの分野の点数を取るために、何をするのが一番必要なのか」ということをつねに考えて日頃の計画を立てていました。もちろん伸び悩む時期もありましたが、それも〝ヒント〟だと捉えて、修正するところや維持するところを自分なりに考えて勉強を進めました。

一度志望校を決めてしまえば、このように点数を意識した勉強の仕方が効率的でモチベーションも続きやすいのではないでしょうか。

●大学受験において、インターネット上で「これは使える！」と感じたサービス／サイトはありましたか？

結構珍しがられるんですが、自分は浪人生時代にＳＮＳ（Social Networking Service）を使ってブログを書いていました。俗にいう「受験生ブログ」というものです。浪人生活はどうしても現役時と比べて単調で退屈してしまうので、〝ブログでもやってみよう〟ということで春先から始めました。

確かに中には「ブログなんてやる暇があれば勉強しろよ」と思う方もいらっしゃるかもしれません。しかし、ブログは自分の数少ないストレス発散の場でしたし、ブログを通して情報を得たり、他のブロガーと競い合ったりしてモチベーションを高められたことは紛れもない事実です。加えて彼らは東大でも良き親友ですし、ずっとブログを読んでくれていたという読者さんとも会えたりして、いい刺激をもらっています。

○受験本番で気を付けるべきことは何ですか？

まず、ホテルを利用する人はかなり早い時期から予約を取っておいた方がよく、また2日前から宿泊できた方が安心です。

次に受験当日の注意点です。自分は徒歩圏内の友人の部屋に泊まっていたので大丈夫でしたが、電車（井の頭線）を使われる方は注意が必要です。もううんざりするほど混むので、無駄な体力を使わないように。

それと時計は置時計などが禁止で、アナログの腕時計を複数持参すべきです。というのも、自分はストップウォッチ付の時計を一つだけ持って行ったのですが、それをしまうように言われてひどく焦ったからです（協議の末に認められたので良かったのですが、無用の心配を避けるためです）。氏名・受験番号・解答用紙の切り取りなどを含め、形式的なミスをしないように。

あと会場に参考書はあまり持ち込まない方がいいです。悪あがきをするより、悠然とした気持ちで1年間の努力に自信を持ちましょう。

オススメの参考書

❶『チャート式』

教科名：数学

出版社名：数研出版

オススメの理由：重要な典型問題が網羅できるから。

＊　　＊　　＊

❷『一橋大の数学15カ年』

教科名：数学

出版社名：教学社

オススメの理由：差のつきやすい確率・整数分野のいい練習になるから。

蔡男〔さい だん〕

○**科 類**：文科一類
○**出身校**：国立筑波大学附属駒場高校
○**現役・浪人**：現役
○**センター試験得点**：８１４点／９００点

○**得意科目**：世界史、地理
○**不得意科目**：数学
○**親の職業**：会社員

【合格年（２０１４年）】
前期：東京大学・文科一類 ○

◆通っていた塾又は予備校
・小学校：ＳＡＰＩＸ小学部
・中学校：鉄緑会
・高 校：鉄緑会、東進衛星予備校

◆駿台予備学校の「東大実戦」
○２０１３年
・８月：Ａ
・11月：Ａ

◆河合塾の「東大ＯＰＥＮ」
○２０１３年
・８月：Ａ
・11月：Ａ

◆東進ハイスクールの「東大本番レベル模試」
○２０１３年
・６月：３０９点
・９月：２５９点
○２０１４年
・１月：２７４点

◆高校３年時の自主学習の時間
○受験時の夏休みまで（７月まで）：約３時間
○夏休み（８月）：約７時間
○夏休み後（９月～12月上旬）：約２時間
○冬休み（12月下旬）：約８時間
○直前期（１月～２月）：約６時間

●勉強をする上で、工夫していた点はどんなところでしたか？

自分の勉強時間はさほど長い方ではありませんでした。正直、周囲のn時間（n≧10）も勉強している方に比べると、引け目しか感じませんでしたが、なるべく塾や学校の授業内で理解すべきことは、授業内に集中して理解し、授業後の復習の労力を抑える努力をしました。

この受験生活を通して得たのは、「後で復習すればいいや」と「n時間勉強したから大丈夫」という考えは捨てた方がよい不安定なものであるということです。

○知識を吸収する上で、なにか工夫していましたか？

自分が気をつけていたのは「暗記偏重にならない」ことでした。どうしても受験勉強は暗記重視になりますが、暗記ばかりではそれが自己目的化してしまい、本来の知識を叩き込むという目的を見失います。

自分がいつも気にしていたのは「楽しんで覚えること」です。たとえば、「紀元前3世紀、ローマがシチリア島を属州化」なら、シチリアの暖かな日差しに揺れる小麦をイメージすれば、その後の「属州での安価な穀物生産→本国農民の圧迫」という流れも自然にイメージされてきます。そして何より、受験勉強という「作業」が楽しくなってくるのではないでしょうか。

●集中力を一番発揮できる「状況」はどんな時でしたか？

自分は精神的に追い込まれれば追い込まれるほど、緊張すればするほど実力を発揮する性格でした。ですので、たくさんの期待、プレッシャーを敢えて自分で自分にかけていました。自分の場合、それらが試験（模試含む）を受けている最中にスーっと引いていき、頭が高速で回り始める、という体験をしたことがあります。このように「火事場の馬鹿力」を人為的に発動させてみる、またはそのスイッチを探してみるのもよいかもしれません。もちろん、そこまで行き着くには、ある程度の実力が必要でしょうが。

○受験期に、自らの意志で「生活面で」習慣化していたことはありましたか？

受験期、自分が気をつけていたのは「眠気を我慢しない」ことです。眠気を我慢して勉強しても効率は低く、眠って英気を養い、次につなげた方がよいでしょう。確かに、たくさん勉強したい、覚えたいというはやる気持ちは理解できますが、所詮人間が1回の勉強で覚えられる量には限度があると割り切って、寝てしまった方がよい結果を生むかもしれません。これは昼寝についても同様です。さすがに学校・塾の授業中に寝ることは、勧めませんが……。

●「予備校に通って勉強した方が良いと思う教科」は何ですか？

間違いなく、英語でしょう。なぜなら、英語という教科は、毎週のコンスタントな学習が成績向上に不可欠です。こうした習慣作りには、「毎週授業→復習」の流れを作りやすい予備校通いが便利だと思います。完全に独学だと部活や学校行事でついサボり癖がつきがちですが、毎週授業のある予備校ですと、そうした癖の修正が容易です。また、高3では、毎週過去問形式の演習ができるので、「場数を踏む」という意味でも有意義なはずです。

○受験期の東大模試では、どのような課題を持って受験していましたか？

自分が気をつけていたのは「本番のシミレーションとして点数にこだわる」ことです。具体的には、本番同様、点数を取りにいくことです。たとえば、数学でわからない問題を早々に捨てたり、英語で解く問題の順序を本番と同じものにしたりすることです。また、結果も「できた／できない」よりも「点数が取れた／取れない」を重視し、結果から本番の有効な戦略を感じ取ることを主眼に置きました。

新城真彦

〈しんじょう　まさひこ〉

○科　類：文科一類
○出身校：千葉県立千葉高校
○現役・浪人：現役
○センター試験得点：801点／900点

○得意科目：数学
○不得意科目：国語
○親の職業：会社員

【合格年（2014年）の受験校】
前期：東京大学・文科一類　○
後期：東京大学・全科類　出願
私大1：慶應義塾大学・経済学部　出願
私大2：早稲田大学・法学部　○
私大3：早稲田大学・政治経済学部　○

◆通っていた塾又は予備校
・小学校：なし
・中学校：なし
・高　校：河合塾、東大特進（東進ハイスクール）

◆駿台予備校の「東大実戦」
○2013年
・8月：A
・11月：A

◆河合塾の「東大OPEN」
○2013年
・8月：B
・11月：A

◆東進ハイスクールの「東大本番レベル模試」
○2013年
・6月：256点
・9月：235点
○2014年
・1月：271点

◆高校3年時の自主学習の時間
○受験時の夏休みまで（7月まで）：約4時間
○夏休み（8月）：約11時間
○夏休み後（9月～12月上旬）：約5時間
○冬休み（12月下旬）：約11時間
○直前期（1月～2月）：約11時間

●勉強は好きですか？　それとも嫌いですか？

勉強が好きか嫌いか、二択で聞かれると回答に困りますが、勉強は嫌いではありません。「東大を目指す」と決めた以上、「勉強する」ということはついてきます。勉強を嫌いになったって、自分がつらくなるだけでどうしようもないと思います。

そうかと言って、「勉強が大好きか」って聞かれると、そんなことはありません。マンガを読んだり、ネットサーフィンしたりしているほうが、よっぽど楽しいと思います。

結局はやらなきゃいけないことなので、勉強をしているうちに勉強をしていることが習慣になってしまいました。習慣になってしまえばこっちのもんで、別になんとも思わなくなります。

でも、世界史とか、知識が増えるのを実感するのは楽しいですよ！

○集中力を一番発揮できるのはどんな「場所」でしたか？

私の集中力が一番発揮されたのは、河合塾の自習室です。

自宅だとどうしてもダレて、1時間ごとに休憩を挟まなければ勉強を継続できませんでした。

しかし、河合塾の自習室は静かで周りに何もないので、3時間くらいずっと座ったまま集中することができました。

昼食後など、集中力が低下したときは、ＢＯＳＳのアイスカフェオレを飲んで、自習室の机に突っ伏して三、四十分寝ていました。すると、手がそのうち痛くなり、目が覚めるのですが、目が覚めたあとは高い集中力をキープすることができました。眠い時に無理して勉強しようとするとなかなか効率が悪いですし、頭のなかに入ってきません。そういう時は思いっきり寝ちゃうのがいいと思います。

●大学受験で勉強のスケジュールは立てていましたか？

私は2種類のスケジュールを立てていました。

一つは、月や週単位の大雑把なもので、「今月末まではこの数学の問題集を終わらせる！」とか、「この週までには世界史の現代の分野の暗記を終わらせる！」みたいな長い視点のスケジュールでした。

もう一つは、1日単位のスケジュールで、前日の夜か当日の朝に立ててました。東大は受験科目が多いので、いろんなモノをバランスよく勉強しなければいけません。あまり1教科に偏りすぎないために、毎日「明日（今日）は単語帳1章分、数学5問、世界史の単語の復習、オンデマンド授業の受講」みたいに、やることを白紙に書き出して、優先順位をつけてから、その日の勉強に取り組み始めていました。

○あなたが思う「予備校に通って勉強したほうが良いと思う教科」は何ですか？

私が予備校で勉強したほうがいいと思う科目は世界史です。私は東進の東大特進に通っていて、世界史の荒巻先生の授業をとっていました。

ご存知の通り、世界史の勉強で一番大事なのは「単語と事柄を覚える」だけです。しかし、これは単なる必要条件にしかすぎません。単語を覚えなければ何も始まりませんが、歴史を学ぶにあたって単語を覚えることだけに主眼を置きすぎると、大事なものが見えなくなります。せっかく世界史という科目をやるんだったら、単語暗記に終わるだけではなく、世界の歴史の潮流を体感して欲しいです。

しかしながら、そのようなことは自分でやるのは無理です。人から話を聞いてちゃんと復習するのが一番いい方法だと思います。ですから、私は世界史は予備校の授業を聞くことをお勧めします。

●あなたが東大に合格を果たした最大の要因は何でしたか？

私が東大に合格したのは、数学を得点源にすることができたからだと思います。

高校生の頃ずっと数学は好きでしたが、高2の頃まで受験で使えるというレベルまでには達していませんでした。高2の冬に先輩の代の合格体験記を見て、「英語と数学が強い人が受験を制する」と知り、本格的に数学に取り組み始めました。

私の場合は、理系の友人からもらった「新数学スタンダード演習（大学への数学シリーズ）」を高2の終わりから春の初めまでに2周して、その後2回やっても解けなかった問題をさらにもう1周しました。そのおかげで東大の問題のほとんどの解法がわかり、夏の模試でいい成績を出すことができ、波に乗ることができました。

私が合格できたのは、高2の終わりに数学を強みにする決心がついたからだと思います。

○あなたには受験期に彼女はいましたか？ また、そのメリット・デメリットは何ですか？

彼女はいませんでした。ですが、自分より成績が高くて、模試が終わった時や模試の判定が返ってきた時、センター試験の前日、二次試験の前日に「お疲れ様、明日がんばろうね」みたいなことを言う相手はいました。

その人とは、受験が終わったあとに交際を始めましたが、私自身受験期に彼氏・彼女をもつことに反対はしません。もちろん、彼氏・彼女がいると時間が取られます。しかし、彼氏・彼女みたいな存在がいることで精神的な支えにもなるのです。

受験期は人にもよりますが、予想以上に精神がやられます。彼氏・彼女の存在は決して悪いものではないと思います。事実、彼女がいながら東大に現役合格した人を何人も知っています。まあ、彼氏・彼女を作ることを推奨するわけではありませんが。

オススメの参考書

❶『新数学スタンダード演習』

教科名：数学
出版社名：東京出版
オススメの理由：これをマスターすれば東大の文系の数学がだいたい解けるようになります。

＊　＊　＊

❷『鉄緑会 東大英単語熟語 鉄壁』

教科名：英語
出版社名：角川学芸出版
オススメの理由：これを５月に始めて、毎日電車のなかで１日１章やって３周しました。おかげで、ある程度の英語力がついたと思います。

＊　＊　＊

❸『一橋大の数学15カ年』

教科名：数学
出版社名：教学社
オススメの理由：９月頃に１日５問やって３周しました。一橋の数学は計算量が多く、典型問題が多いので、「いかに粘り強く計算して正答にたどり着くか」という訓練ができました。

中里祐太
〔なかざと　ゆうた〕

○**科　類**：文科一類
○**出身校**：私立北嶺高校
○**現役・浪人**：現役
○**センター試験得点**：809点／900点

○**得意科目**：英語、世界史
○**不得意科目**：数学
○**親の職業**：会社員

【合格年（2014年）】
前期：東京大学・文科一類 ○
後期：一橋大学・法学部　出願
私大1：早稲田大学・商学部 ○
省庁大学校：防衛大学校・人文科学 ○

◆通っていた塾又は予備校
・小学校：標準札幌校（小6の夏～）
・中学校：なし
・高　校：Brains Gym 琴似校（高3夏～、錬成会グループ）

◆駿台予備学校の「東大実戦」
○2013年
・8月：A
・11月：B

◆河合塾の「東大OPEN」
○2013年
・8月：B
・11月：B

◆代々木ゼミナールの「東大プレ」
○2013年
・7月：C
・12月：C

◆東進ハイスクールの「東大本番レベル模試」
○2013年
・6月：201点
・9月：197点
○2014年
・1月：241点

◆高校3年時の自主学習の時間
○受験時の夏休みまで（7月まで）：平日約4時間　休日約9時間
○夏休み（8月）：約10時間
○夏休み後（9月～12月上旬）：平日約4・5時間　休日約10時間
○冬休み（12月下旬）：約12時間
○直前期（1月～2月）：平日約8時間　休日約13時間

●どうして、東大を受験しようと思ったのですか?

高2頃から、社会に役立つ仕事がしたいと思い、国家公務員を目指すことに。東大は国家公務員試験（旧I種）の合格者数、その後の省庁での採用率が他大学に比べて圧倒的に良い上、学生のレベルやモチベーションも高く、自分の目標にぴったりだと感じました。
また、自分の学力も向上し、現実的に東大を目指せるレベルになってきました。そのため、高3から東大文一を志望することにしました。

○復習用のノートは作っていましたか?

高3の秋くらいから授業が問題演習中心になるにつれ、復習ノートを作り始めました（数学と地理）。

数学：大問一つごとに1～2ページを使うようにして、解答だけでなく、反省点や注意点、基本方針まで書き込むようにしました。

地理：1～3行程度の論述を復習。自分で問題文を簡潔にメモし、復習ノートをさらに見直しできるようにしました。

●勉強はどのような場所で行っていましたか？　また、あなたが勉強する場所に求めることは何ですか？

高1：家。試験前はマクドナルドで長時間。
高2夏：家。高2冬〜：代ゼミの自習室／家。
高3夏〜：BG／家。

というように、「夜10時くらいまで自習室で勉強＋深夜1、2時くらいまで自宅で勉強」というパターンに落ち着きました。部活を高3の夏まで続け、その後は学校の講習をほぼ毎日取っていたため、下校の夜7時〜10時の時間帯は相当眠くなります。そのため、他人がいて居眠りしにくい外部環境を求めました。特に、自分より年下、もしくは学力的に低い人たちが勉強している姿を見ると、〝自分も負けていられない〟と焦らされるので、〝勉強しなければ〟という気持ちになります。

○模試の復習はどのように行っていましたか？

模試を受けた後、1週間以内に解答・解説を読み〝ああそうだったのかorz〟と思いながら、重要事項にマーカーを引くなどする。そして、成績表が返却され、自分の書いた答案が戻ってきたら友達と比較しつつ、どこで減点されたのかなどをチェック。時間の取れる休日などに苦手科目を中心に（暇があれば全科目）解き直し、自己採点をして、初回受験時と比較してモチベーションを維持する。

●大学受験で勉強のスケジュールは立てていましたか？

年間／日の二つのスケジュールを立てていました。

年間の計画では、長期休みや模試を節目として、二次対策とセンター対策、苦手特訓などの切り替えを行い、「○月△頃までに×を終わらせてやる」といった意識付けができたので、無駄の少ない受験勉強ができました。

1日単位の計画と、その達成度の確認は、自分の学習状況や気の弛みを厳しくチェックし、修正するのに役立ちました。また、1日ごとに勉強した時間を書いておくと、勉強量の推移の把握が容易なだけでなく、〝こんなに勉強したから大丈夫〟という自信にもなります。

○大学受験において、高校で一番役立ったのは何でしたか？

定期テストと講習。受験にならなければ、自発的かつ意欲的に勉強するのは難しくなります。そのため、定期テストに向けて勉強をしていくのは、勉強量の維持という面で非常に重要だと思います。

特に私の母校である北嶺高校は、入試問題集の引用や改変による問題が出題されることが多いので、受験勉強につながりました。また、講習では自習用の教材をもらえたり、添削もしてもらえたので、すべてを消化するだけで大変役立ちました。

●東大受験において、高校が独自に取り組んでいたことは何かありましたか?

北嶺高校だけではないと思いますが、東大対策用の講習が設置され、添削もしてもらえました。また、志望大学別にクラス編成をしていました。

前者二つに関しては、前項の質問でも述べた通りの効果がありました。特に、国語の菅原利晃先生と世界史の渡辺健二先生、地理の谷地田穣校長には講習と添削で大変お世話になりました。

中島陽太郎〔なかじま　ようたろう〕

○**科　類**：文科一類
○**出身校**：大阪府立北野高校
○**現役・浪人**：現役
○**センター試験得点**：８０８点／９００点

○**得意科目**：世界史・日本史・数学
○**不得意科目**：物理
○**親の職業**：町工場経営

【合格年（２０１４年）】
前期：東京大学・文科一類　○
後期：東京大学・全科類　出願

◆通っていた塾又は予備校
・小学校：公文式
・中学校：類塾
・高　校：東進衛星予備校、東進ハイスクール・東大特進コース

◆駿台予備学校の「東大実戦」
○２０１３年
・８月：Ｂ
・11月：Ａ

◆河合塾の「東大ＯＰＥＮ」
○２０１３年
・８月：Ａ
・11月：Ａ

◆東進ハイスクールの「東大本番レベル模試」
○２０１３年
・６月：２１４点
・９月：２１７点
○２０１４年
・１月：２５６点

◆高校３年時の自主学習の時間
○受験時の夏休みまで（７月まで）：約６時間
○夏休み（８月）：約10時間
○夏休み後（９月〜12月上旬）：約６時間
○冬休み（12月下旬）：約10時間
○直前期（１月〜２月）：約10時間

●得意な教科の勉強方法はどういったものでしたか？

○世界史

まずは愚直な暗記が大前提です。私は「点（語句etc）」と「点」を「線（因果etc）」で結び、「線」と「線」を交差させて「面（論述）」を構成するイメージで勉強しました。

具体的には、一問一答（第3問＝「点」）→中小論述（第2問＝「線」）→教科書2冊（第1問＝「面」）の順です。通史や一問一答での「点」の暗記を経て、「詳説世界史論述問題集」（山川出版社）を高3初夏から暗記教材として用いることで「点」を「線」に、秋から直前期は「世界史B」（東京書籍）、「詳説世界史B」（山川出版社）の精読で「線」を「面」にしました。特に複数の教科書を併読することで、教科書知識の相互補完が期待できます。教科書の執筆陣が本試験の出題者である東大教授を含むということは、教科書が最良の参考書であるということを意味しています。

○日本史

世界史以上に教科書（「詳説日本史B」〈山川出版社〉）が最良の参考書です。東大日本史の出題者は明らかに教科書の記述を意識しており、逆に教科書の記述も東大日本史の過去の問題を参考にしています。

具体的な勉強方法に関しては、やはり教科書の理解が最重要です。私自身は、東進東大特進コースの野島先生の教材である「日本史ハンドブック」をボロボロになるまで繰り返し精読しましたが、教科書でも必要十分です。また秋からは、東大の過去問35年分を「⑴答案作成」「⑵解答参照」「⑶知識の定着」の順で、センターまでに1周し、直前期にもう1周しました。特に(3)では解答・解説をチャート化して「日本史ハンドブック」に書き込むことで、通読の過程で十分に過去問の復習ができました。

○大学受験において、インターネットをどのように活用していましたか？

「学問に王道なし」とはよく言われますが、「大学受験には王道あり」です。これは大学受験が安易に通れる道という意味ではなく、「大学受験には多くの先輩が通った道がある」という意味です。私は東大を目指すと決意した中3の3月から、まずはインターネットや書籍で東大の合格体験記や大学受験のオススメ参考書といった情報を収集し、分析しました。

特に地方公立生は進学校生に比べ、東大生の先輩や東大志望の友人が少なく、東大受験の知識供給源に乏しいので、インターネットを活用して知識を得るとよいでしょう。

●予備校に通うことの利点は何ですか？

私は高1から東進衛星予備校に、高3から東進東大特進コースに通いました。

前者では速習講座を活用することで、数学／世界史／日本史をそれぞれ学校よりも1年／1年／半年早く履修し終えることができました。公立現役生が中高一貫生に対して不利な点の一つに「授業進度の遅さ」がありますが、その点を解決できました。

後者では東大専門講座のライブ授業を受講しました。全員が東大志望の現役生であり、ほとんどが私立進学校の生徒である空間での授業は、公立高校の生徒である私にとって刺激的で、モチベーションの維持につながりました。担当講師も授業内容も大変優れていて、公立高校のそれとは別次元でした。

高校では自分の志望やレベルに合う授業はありませんでしたが、予備校にはそれがありました。高校の授業よりも自学と予備校を優先した結果、私は東大に合格できたと思っています。

○受験期の東大模試では、どのような課題を持って受験していましたか?

私は駿台／河合塾／東進の東大模試を計7回受験しました。

まず初めての東大模試である6月の東進模試の課題は「東大形式の体感／夏の課題発見」でした。続く8月の駿台／河合塾の二大模試は夏休み序盤だったので、一喜はしても一憂はしませんでした。

しかし9月の東進模試は夏の成果が如実に示されるので、「夏の成果確認／秋の課題発見」が課題です。私自身は6月と同じ点数を取り、少々焦りました。

11月の駿台／河合は「本試の目標達成」を課題としました。私自身は駿台が文Ⅱ8位、河合が文Ⅱ2位で、大きな自信を持って順調に勉強を続けることができました。

センター本番を経た1月の東進模試は、一番大切でしょう。「センターボケからの早期脱却／直前期の課題発見／本試を想定した得点の最大化」が課題です。私自身は、自覚なきセンターボケが点数にはっきり表れ（自己採点は6月とほぼ同じでした）、身を引き締め直すいい機会となりました。おかげで、ここからの一ヵ月は受験期で一番集中して勉強できました。

●あなたが東大合格を果たした最大の要因は何でしたか？

「東大を目指す、明確で揺るぎない動機を持っていたこと」です。私の主な動機は「将来的に官僚・政治家を目指すから」「上には上がいる全国トップ層の中で揉まれたいから」でした。また他にも「幼馴染でライバルの女子が京大志望だったから」「東大文一が文系で一番難しいから」のようなちょっとした動機もあります。

このように「何となく東大」ではなく「絶対に東大！」と思えたことで、他大学に落とす誘惑やモチベーションの低下を完全に排除し、受験勉強に集中できました。

オススメの参考書

❶『ビジュアル英文解釈 Part I ／ II』

教科名：英語

出版社名：駿台文庫

オススメの理由：高1で使用。直読直解の技法・解説は極めて優れており、英文読解だけでなく英語力全般の土台となる。

*　　　*　　　*

❷『1対1対応の演習』

教科名：数学

出版社名：東京出版

オススメの理由：高2で使用。徹底的に反復して本質的な理解とともに解法を定着させ、高3からは春に「文系数学の良問プラチカ」（河合出版）、夏に「新数学スタンダード演習」（東京出版）、秋と冬に「東大の文系数学25カ年」（教学社）、「一橋大の数学15カ年」（教学社）で演習しました。

宮垣拓実〔みやがき　たくみ〕

○科　類：文科一類
○出身校：私立甲陽学院高校
○現役・浪人：一浪
○センター試験得点：（現役）720点／900点
：（浪人）811点／900点

○得意科目：英語・世界史・国語
○不得意科目：地理
○親の職業：会社員

【合格年（2014年）】
前期：東京大学・文科一類　○
後期：東京大学・全科類　出願
私大1：早稲田大学・政経　○
私大2：早稲田大学・法学部　○
私大3：慶應義塾大学・法学部　出願

【前年（2013年）の志望校】
前期：東京大学・文科二類　×

◆通っていた塾又は予備校
・小学校：浜学園
・中学校：なし
・高　校：高等進学塾、東進衛星予備校
・浪　人：駿台予備学校

◆駿台予備学校の「東大実戦」
○2013年
・8月：B
・11月：A
○2012年
・8月：C
・11月：C

◆河合塾の「東大OPEN」
○2013年
・8月：B
・11月：A
○2012年
・8月：C
・11月：B

◆高校3年時の自主学習の時間
○受験時の夏休みまで（7月まで）：約4時間
○夏休み（8月）：約12時間
○夏休み後（9月～12月上旬）：約4時間
○冬休み（12月下旬）：約10時間
○直前期（1月～2月）：約6時間

●どうして、東大を受験しようと思ったのですか？

僕は中高一貫の私立に通っていました。そこでは友人のレベルが高く大半の人は東大か京大を目指すので、自然と中学生のころから自分もそのどちらかに行くものだと思っていました。

そして高1のとき。先生に「東大か京大のどちらを目指しているのか」と尋ねられ、まだ決まっていない旨を伝えると「東京を目指さないのか」との言葉をいただきました。それをきっかけに東大を意識し始め、一度きりの人生において一回は頂点を極めたいと思うようになりました。また優秀な友人に囲まれ、充実した設備のもとで大学生活を送るという素晴らしい環境に身を置きたいとも考えました。

最終的に高1の終わり頃には絶対に東大に行きたいと思っていました。

○勉強は好きですか？　それとも嫌いですか？

好きです。勉強はすればするだけ自分が豊かになります。先人の築いた知のエッセンスを学び、教養をどんどん広げる。いつも自分の能力の少し上を自らに求め、それに応えるべく努力を重ねるピリピリとした緊張感。こんなスリルはめったにないと思います。日々自分の成長が実感できるのは想像以上に心地よく、努力が報われたときの達成感は何ものにも代えがたいものです。

僕は青春時代の多くを勉強に費やしましたが、そこに後悔は微塵もありません。勉強からは学問的な知識以外にもたくさんのことを学び、その結果、今の僕があります。だからこのような環境に恵まれたことには本当に心から感謝しています。

●「これは効果がある！」と実感した、勉強全般に使える勉強方法はありましたか？

僕は勉強時間を手帳で管理していました。手帳は普通、予定を書き込むものですが、僕の場合は違う使い方をします。1週間で見開き1ページとなっており、1日のスペースに時間の目盛がついたものを使います。そしてそこに勉強した内容を事後的に書いていきます（例、○○模試復習や過去問○○年度など）。記録のような形ですね。これはあらゆる点で役に立つおすすめの方法です。まず、自分の勉強が目に見える形で残るので自信の源になります。受験直前期には何度も見直して、これだけやったんだから大丈夫！　と自分に言い聞かせたりもしました。また、科目ごとに色分けすれば勉強時間の偏りが一目でわかります。さらに、文字で埋まった手帳を作ることが勉強のモチベーションにもつながりました。

○授業のノートはどのように取っていましたか？

メリハリをつけるようにしていました。板書されたことでも、わかっていることはノートを取らない。その代わり、知らないことは後で見てわかりやすいように先生の言葉による説明までノートに残す。たとえそれが雑談であっても、知らないことや面白いことは徹底的に書き留めていました。こうして自分に必要なことだけがわかりやすく書かれた、自分だけのノートを作りました。すると愛着がわくので、後で何度も何度も見返すことができました。

人間は忘れる動物なので、やはりこの見返すという作業が一番大切です。そのため、後で見返すのが楽しくなるようなノートを作るというのは大切なことだったと思います。

●受験期に、自らの意志で「勉強面で」習慣化していたことはありましたか？

浪人を迎えるにあたって、勉強の仕方を根本的に変えないといけないと思い、朝型の生活を始めました。毎晩11時までに寝て平日は5時に起き、週末は7時に起きる。この生活を一年間貫きました。

ありきたりなことですが、これは大変効果的でした。まず、早朝は勉強が非常にはかどります。「せっかく頑張って早起きしてるんだから一瞬たりとも無駄にしたくない」と思い、とても集中するんです。さらに予備校に行ってからも心にゆとりが持てます。「自分はもうすでに朝から数時間も勉強してきたんだ」と。そして、何よりも健康的な生活リズムによって心と体が安定します。体調管理も受験の一部です。

このように早起きは三文以上の得でした。受験生の皆さんはぜひ試してみてください。

○「私の合格に一番必要だったのは、これだった」というものは何でしたか？

努力に裏打ちされた自信。これこそが現役時代の僕に足りなかったもので、浪人時代に得たかけがえのないものだったと思います。

現役時代には決して良い成績ではなかったのに、根拠のない自信を持っていました。そんなまがい物は当然打ち砕かれたため、今度は一からおごりや過信ではない純粋な自信を築き直しました。

これはきっと一生の宝物になるでしょう。まずは自分のことを信じられるだけの結果を出すことが必要です。そのために、あれこれ考えずただひたすら勉強する。この努力に基づいて、最後まで自分を信じぬくことができました。

●浪人生への一言

去年の3月10日。僕は受け入れがたい現実の前に、それまで築き上げてきた自信を失いました。月並みな励ましなどは気休めにしか聞こえず、「次こそは大丈夫」なんて言われてもそれではどうにもならないと思ったものです。

同じような思いをされた方もいらっしゃることでしょう。不安と重圧を抱えて再び受験に挑む皆さんに今の僕が贈れるものは希望だけです。一度失敗した僕でも浪人生活を経て、晴れて捲土重来を期すことができました。浪人をするということは「受験勉強を職業にする」ということで、勉強への取り組み方は今までとは根本的に違ったものになります。努力次第で実力はいくらでも上がります。自分と真摯に向き合う1年間は、終わった時にはきっと貴重な思い出になるはずです。

文科
二類

武田剣志〔たけだ　けんし〕

○**科類**：文科二類
○**出身校**：埼玉県立浦和高校
○**現役・浪人**：現役
○**センター試験得点**：804点／900点

○**得意科目**：数学
○**不得意科目**：英語
○**親の職業**：会社員

【合格年（2014年）の受験校】
前　期：東京大学・文科二類　○
後　期：東京大学・全科類　出願
私大1：慶応義塾大学・法学部　○
私大2：早稲田大学・法学部（センター利用）○

◆通っていた塾又は予備校
・小学校：公文
・中学校：武蔵アカデミー
・高　校：東進ハイスクール

◆駿台の「東大実戦」
○2013年
・8月：B
・11月：B

◆河合の「東大OPEN」
○2013年
・8月：A
・11月：B

◆東進ハイスクールの「東大本番レベル模試」
○2013年
・6月：213点
・9月：201点
○2014年
・1月：217点

◆高校3年時の自主学習の時間
○受験時の夏休みまで（7月まで）：約4時間
○夏休み（8月）：約8時間
○夏休み後（9月～12月上旬）：約5時間
○冬休み（12月下旬）：約9時間
○直前期（1月～2月）：約10時間

●どうして東大を受験しようと思ったのですか？

日本の最高学府だからです。僕はまだ将来の具体的な目標も定まっていないため、とりあえず入学後に進路の選択の幅が広い大学がよいと考えました。学歴社会と言われる日本では、東大ならば入社したい企業などで門前払いをくらうこともないだろうと思い、東大を目指すことにしました。また、進振りのおかげで最終的な学部を決定しなくてよいことも僕にとっては志望校決定の大きな要因となりました。

一橋大学とも迷いましたが、友人の多くが東大を目指しており、さらに予備校が東大対策に多大なる力を注いでいたこともあり、最終的に志望校を東大に定めました。

○知識を吸収する上で、工夫していた点はどこですか？

よく言われていることですが、暗記するものはそれを見る回数を増やしました。つまり、参考書であれば1周精読するのではなく、サラッと2周し、単語帳ならばわからない単語が出てきても止まらずに何周もしました。しかも、1周1周を完璧にやらなくていいため、気楽に勉強できました。

また、日本史や地理は用語だけでなく、論述で使えそうな表現も覚えました。両者とも解答欄が短いので、ポイントとなる内容を簡潔に述べられるようにするとよいと思います。予備校の解答例の表現を参考にしました。

あと、英語の例文は音読して覚えました。語学はやはり声に出したほうがいい気がします。

●勉強はどのような場所で行っていましたか？

自宅ではほとんど勉強しませんでした。理由は、家にいると寝てしまう可能性が非常に高く、なおかつパソコンなど勉強を妨げる器具が存在したため勉強に集中できなかったからです。ですから、普段は予備校の自習室を使用していました（ちなみに、予備校滞在時間の8割は自習）。

また、自宅近くの予備校は開館が遅かった（11：30〜）ため、直前期に朝から勉強したい日は、スターバックスで自習しました。朝早くから開いており、朝学習にお勧めの場所です。

あと、「お金（席代）を払っている」という感覚からか、スタバでは自然と集中して勉強ができました。

○あなたが思う、「予備校に通って勉強した方が良いと思う教科」は何ですか？

日本史。高校の授業と予備校の授業でレベルが全く異なります。特に東大は出題形式が独特であるだけでなく、律令制度、商品経済、明治憲法体制などの範囲で教科書レベルを超える出題も見られるため、過去問研究を徹底的に行っている予備校の授業は（日本史でそれなりの点数をとりたいならば）必須であると思います。

さらに日本史は、予備校が問題を当てることもあるため、そのような問題で差をつけられないためにも予備校に行くべきかもしれません。

ただし、私大やセンターの日本史は覚えるだけなので、授業に出るよりもむしろ自習していたほうが成績は伸びる気がします。

●勉強の合間に行っていたリフレッシュ方法はどんなものでしたか？

スマートフォンを持っていたため、『2ちゃんねる』のまとめやYouTube上のお笑いなどを見て笑っていました。

笑うと頭のなかがスッキリしますし、短時間で手軽にできることなのでお勧めです。

しかしこの方法には明らかな欠点があります。それは、「長時間入り浸ってしまうこともある」ということ。『2ちゃんねる』にも、YouTubeにも関連記事、関連動画というものが存在し、しかもそれがリンク先へいくごとにどんどん面白くなっていくため、「気づいたら2時間経っていた」なんてことはざらにありました。とは言っても、自分で時間と自制心を管理できるなら、よい方法なので、一度実践してみてほしいです。

○あなたが東大に合格を果たした最大の要因は何でしたか？

毎日の継続的な勉強。自分は集中力が高いほうではなく、なおかつ夜はすぐに眠くなってしまうタイプであったので、1日に長時間勉強することはできませんでした（直前期も）。その代わり、勉強時間が0時間という日を高3以降は行事などがない限り、ほとんど作りませんでした。

継続することも勉強が習慣になっていたためか、あまり苦だとは思いませんでした。

さらに、体調を崩さないことも心がけました。実際、2日寝込んで10時間遅れてしまった場合、毎日プラス1時間の勉強を10日間続けなければ遅れを取り戻せないことを考えれば、健康を維持することは非常に大切だと思います。

オススメの参考書

❶『大学入試地理B論述問題が面白いほど解ける本』

教科名：地理
出版社名：中経出版
オススメの理由：地理に必要な知識が載っているだけでなく、論述を書く際に重要な事項や着眼点がまとめられているため、初見の問題や地形図などの読み取り問題が出題されても解ける力がつく。

*　　*　　*

❷『1対1対応の演習』

教科名：数学
出版社名：東京出版
オススメの理由：基本的な解法のパターンがわかる。

*　　*　　*

❸『DUO 3.0』

教科名：英語
出版社名：アイシーピー
オススメの理由：覚えやすい。大学入学後にＴＯＥＩＣ対策などで買う人もいる本なので、どうせなら受験期にやっておくべき。

並木真修〔なみき　ましゅう〕

○**科　類**：文科二類
○**出身校**：千葉県立千葉高校
○**現役・浪人**：現役
○**センター試験得点**：７９４点／９００点

○**得意科目**：英語、社会
○**不得意科目**：国語
○**親の職業**：会社員

【合格年（２０１４年）】
前期：東京大学・文科二類　○
後期：東京大学・全科類　出願
私大１：早稲田大学・法学部　○
私大２：慶應義塾大学・法学部　出願

◆通っていた塾又は予備校
・小学校：なし
・中学校：なし
・高　校：なし

◆河合塾の「東大ＯＰＥＮ」
○２０１３年
・８月：Ｂ判定　２２９点
・11月：Ｂ判定　２３１点

◆高校３年時の自主学習の時間
○受験時の夏休みまで（７月まで）：約９時間
○夏休み（８月）：約11時間
○夏休み後（９月～12月上旬）：約11時間
○冬休み（12月下旬）：約11時間
○直前期（１月～２月）：約11時間

●どうして、東大を受験しようと思ったのですか？

私はもともとはっきりとした将来の夢を持っておらず、私にとって大学は将来の方向性を決める場であると考えていました。東京大学について調べてみたところ、進学振り分けの制度や二年間の教養学部での学習は、将来の進路を決めることに非常に適していると考えました。東京大学は言うまでもなく日本一の大学で、進学した先輩たちの姿を見て、私も是非東京大学で学習したいと思っていました。実際、私は中高一貫校に通っていたのですが、成績はまずまずであったので、一年間真剣に勉強すれば合格できるのではないかと思い、東京大学を受験することを決意しました。学部にはこだわらず、東京大学に合格して、その先の進路を決定したいと思いました。

○集中力が低下した時に、集中力を回復させる方法は何かありましたか？

集中力はいつまでも続くものではなく、だらだらと勉強するのは時間だけが過ぎるため、かえって逆効果だと思っていました。そこで私が心がけたのは、勉強と休憩のメリハリをはっきりとつけることです。

例えば、私は食事の後になると毎日のようにテレビをみていました。録画しておいた番組をみて、テレビの前で大笑いしてストレスを発散しました。さらに、休日の時間がある日にはテレビゲームもしました。しかし、そういった時間は毎日決められたスケジュールの中に組み込まれていて、勉強の時間になるとすぐに切り替えて勉強に集中しました。

受験勉強で重要なのは、量より質だと思います。適度な休憩を入れることで、より有意義に勉強を進められると思います。

●大学受験において、インターネットをどのように活用していましたか？

私は受験勉強をするにあたって、最低限の参考書や問題集しか購入しませんでした。そこで役立ったのは、インターネット上の学習支援サイトです。

私が受験を検討していた大学の過去問はほぼ全てインターネット上で入手しましたし、インターネット上では一つの問題に対して様々な人の解答例を知ることができます。それがインターネットを勉強に活用する最大の利点だと思います。実際、記述問題が増える二次試験対策には、様々な角度から問題を見つめることが役立ちます。

また、塾や通信教育のサイトを利用して、模試の結果などを入力しておくことで、後で自分の成績を比較することが可能になり、学習計画の立案に利用しました。

○受験期に、自らの意志で「勉強面で」習慣化していたことはありましたか？

私が本格的に受験勉強を開始したのは、高3の夏休み頃からです。それ以来、入試直前まで一貫して一日の学習スケジュールを固定していました。学校のある日とない日でそれぞれ一日の予定を決め、毎日それを守って勉強に励みました。それは勉強だけではなく、食事の時間、休憩の時間、睡眠時間などもきっちりと決めました。

慣れないうちは勉強することが辛く、できれば遊びたいと思っていましたが、次第に勉強することが生活の一部となって、勉強していないと不安になってくるようになりました。さらに一日のスケジュールを決めることで、学習計画が立てやすくなりました。

継続は力なり、といいますが、まさにその通りであると私は考えます。

●受験期に家族からサポートしてもらっていたことは何かありましたか?

私は予備校に通っていなかったので、主に通信教育による添削教材と参考書や問題集による自主学習を行っていました。そのため、毎日自宅で受験勉強を進めていた私は、わからないことがあると、両親に質問して解説してもらいました。主に、国語と英語は母に、数学と地歴は父に教わりました。両親ともに、私に教えるために、長い時間をかけて教材に目を通してもらったことに対してとても感謝しています。

また、志望校の過去問や傾向と対策などをインターネット上からプリントアウトしてきてもらったり、毎日栄養豊富な食事を作り続けてくれたりなど、家族の支えがなければ私は東京大学に合格できなかったといっても過言ではありません。

○受験期の東大模試では、どのような課題を持って受験していましたか？

私は昔からケアレスミスを多く犯すことが課題でした。問題自体はわかっていても、「計算間違いなどで点を落とす」という、もったいないことばかりしていました。

そこで、模試の直前に自分が犯しやすいケアレスミスを列挙し、問題を解答した後に見直すポイントを整理して、確実にケアレスミスをなくす努力をしました。すると、数学の試験でそういったミスが一つもなく、夏休みの模試にして入試の目標点に達することができました。それは、私にとって非常に自信になり、「自分が勉強してきたことは間違っていなかった」ということが証明されて、達成感を覚えたことがありました。

このように、私は模試を受験する際は目標を一つ立てて、それを確実に達成することで自信を深めていました。

●あなたが東大に合格した最大の要因は何でしたか？

私が東京大学に合格した要因を挙げるとすれば、それは「苦手科目を克服したこと」です。

実際、私はセンター試験のころまでは国語がとても苦手でした。東大模試でも120点中50点ほどしか得点できないほどでした。私は国語以外の教科は得意とまでは言わずとも、それなりに得点できる自信がありました。そこで最後の一ヶ月は集中的に国語の勉強を進めました。そして、結果として目標としていた60点を達成することができました。

東京大学の試験は国数英社の４教科からなり、バランスよく得点することが必要です。得意科目を伸ばすことよりも苦手科目をなくすことこそが、東京大学合格の近道であると私は考えます。

オススメの参考書

❶『赤チャート』

教科名：数学
出版社名：数研出版
オススメの理由：文系数学はいかに解法をパターン化して覚えるかが重要であり、チャートにまとまっていると、頭のなかの整理がしやすいため。

＊　＊　＊

❷『キムタツの東大英語リスニング』

教科名：英語
出版社名：アルク
オススメの理由：リスニングは日常的に訓練するのは難しいですが、この教材を毎日15分使うだけで入試ではリスニングが30点中28点でした。

＊　＊　＊

❸『古文上達』

教科名：国語
出版社名：Z会出版
オススメの理由：古文が苦手だった私にとって、センター対策から二次試験対策にもなる便利な一冊であったため。

文科——三類

井川真宙〔いがわ　まひろ〕

○科　類：文科三類
○出身校：私立北嶺高校
○現役・浪人：現役
○センター試験得点：804点／900点

○得意科目：数学
○不得意科目：古文
○親の職業：会社役員

【合格年（2014年）の受験校】
前期：東京大学・文科三類　○
後期：東京外国語大学・国際社会学部　出願
私大1：慶應義塾大学・経済学部　○
私大2：慶應義塾大学・文学部　○
私大3：早稲田大学・政治経済学部　○

◆通っていた塾又は予備校
・小学校：標準予備校
・中学校：クラズユニック円山入試研究所
・高　校：クラズユニック円山校

◆駿台予備学校の「東大実戦」
○2013年
・8月：C
・11月：D

◆河合塾の「東大OPEN」
○2013年
・8月：C
・11月：A

◆代々木ゼミナールの「東大プレ」
○2013年
・7月：B
・12月：B

◆高校3年時の自主学習の時間
○受験時の夏休みまで（7月まで）
：約2時間
○夏休み（8月）
：約1時間
○夏休み後（9月～12月上旬）
：約2時間
○冬休み（12月下旬）
：約3・5時間
○直前期（1月～2月）
：約3時間

●どうして、東大を受験しようと思ったのですか？

自分の勉強をしたいと考えたからです。自分の勉強とはイスラーム教に関することであり、その分野における教授陣の質が東京大学は非常に高いことを、高校の先生から知らされたためです。

また、東京大学であれば、在学中に興味のある分野が変わっても、進学振り分け制度で自由に専攻を決めることができ、自由度が高い一方で、人気のある分野に入るためには在学中も勉学に励み、十分な点数を取る必要があり、緊張感を持って大学での勉強に臨めると考えたからです。

○勉強をする上で、工夫していた点はどんなところでしたか？

ある教科を勉強している時でも、「その教科が他の教科にも応用が利く」と思って勉強していくことです。

例えば、現代文の本文に「韓国企業が、バングラディッシュの繊維業に技術協力した」というような内容があれば、それを地理の勉強にも活かせるので、日頃から意識していました。同様に、バラエティ番組等を観ている時でも、受験に使えそうな知識を得ようとしていました。

●勉強をする際に、「これは使える！」と思えた勉強道具はありましたか？

ＺＥＢＲＡ社のシャープペンシルの「スパイラル」です。最も手になじんで書きやすく、腕が疲れにくかったと思います。

また、私は普段４Ｂの芯を使っているので、筆圧が強くなくてもしっかりと書けて、消しゴムで消しやすく、疲れにくいので、オススメです。

それに、非常に一般的ですが、「ふせん」は上手く使えれば、とても効果的だと思います。幅が太めのふせんに暗記用のゴロ合わせ等を書いて教科書に貼れば、すぐに覚えられると思います。

○高校で一番役立ったと感じたことは何でしたか？

一番大きかったのは、友人たちの存在だったと思います。

私の高校は二次試験の直前まで授業を受けていたので、一番つらい時に友達と話したり、騒いだりしてストレスを発散できたことは、気持ちの面で非常にプラスになりました。

精神的に安定することは、健康にももちろんいいですし、受験で最も気を遣うべきことだと思います。その意味で友人たちには感謝しています。

●あなたが東大に合格を果たした最大の要因は何でしたか？

自分に自信を持つことだと思います。僕は時に傲岸不遜と思われるくらいに自信を持ち続けていました。

D判定が出た時も、「予備校との相性が悪い」と言って、気にしていませんでしたし、周囲に調子に乗っていると思われても、自信に溢れた発言をしていました。

そういう行動こそが、なりたい自分を実現する一つの方法なので、実践することをオススメします。

○高校や予備校で受けたサポートで良かった点はどんなところでしたか？

高校では地歴科の先生方に非常に助けられました。

世界史では二人の素晴らしい先生に丁寧に添削指導をしていただき、さらに進路の相談も親身に乗っていただきました。

地理では校長先生自ら、多忙な一日の合間に、東大模試や過去問の添削をしていただきました。

予備校では、高校2年の時に0点だった数学の点数を、40～50点をコンスタントに取れるくらいに伸ばしていただいたり、冗長な表現で減点されがちだった英作文の矯正をしていただきました。

本荘悠亜〔ほんじょう　ゆうあ〕

○**科　類**：文科三類
○**出身校**：私立灘高校
○**現役・浪人**：現役
○**センター試験得点**：742点／900点

○**得意科目**：国語
○**不得意科目**：数学
○**親の職業**：小学校教師

【合格年（2014年）】
前期：東京大学・文科三類　○

◆通っていた塾又は予備校
・小学校：明光義塾
・中学校：能開センター・成基学園
・高　校：Class On Cloud（ビデオ会議による少人数指導）、東進ハイスクール・東大特進コース

◆駿台予備学校の「東大実戦」
○2013年
・8月：B

◆河合塾の「東大OPEN」
○2013年
・11月：C

◆代々木ゼミナールの「東大プレ」
○2013年
・7月：B

◆東進ハイスクールの「東大本番レベル模試」
○2013年
・6月：183点
・9月：199点
○2014年
・1月：255点

◆高校3年時の自主学習の時間
○受験時の夏休みまで（7月まで）：約3時間
○夏休み（8月）：約5時間
○夏休み後（9月～12月上旬）：約3時間
○冬休み（12月下旬）：約10時間
○直前期（1月～2月）：約12時間

●得意教科の勉強方法はどういったものでしたか？

得意教科は国語です。直前期以外は、勉強だと思ったことはありません。つねに楽しみながら文章を読んでいました。

現代文は、東進の林修先生の講座を利用しながら、一つの文章の構造・文脈・同内容繰り返し・対比などを把握し、それらを文章に書き込んで図示しながら、細かい論理までを完璧に理解するまで何度も読み込みました。

古文は、古典文法を助動詞・敬語を中心にかなり細かく勉強しましたが、実戦演習はあまりやっていません。

漢文も、句法と漢字の意味を中心に暗記しただけで、実戦演習はあまりやっていません。数少ない演習では、「どこから主語の策定を間違えたのか？」「敬意の対象はどこが把握できなかったのか？」など、単語レベルでの細密な見直しを徹底しました。

国語は量より質だと思います。

○不得意な教科の勉強方法はどういったものでしたか？

不得意教科は数学です。「難問を解くことよりも、標準問題を確実にこなせる力を涵養《かんよう》すること」を目標としました。

東大で頻出の微分積分・漸化式を含む確率・図形と方程式・数列を中心に、過去問にピッタリ合わせた傾向と対策を知り、典型問題を用いて練習を繰り返しました。特に、微分積分は「絶対に出る」とヤマを張り、20点はきっちりと取り切るために、計算練習をしました。苦手なベクトルは捨て、センター試験でも統計を選択しました。

教材は「文系数学の良問プラチカ」（河合出版）などを使いましたが、秋以降は「捨て教科」としてほとんど勉強しませんでした。学校で使用した問題集（「新数学スタンダード演習」〈東京出版〉、「オリジナル」〈数研出版〉など）はレベルが高すぎて放棄しました。

●受験期の自主学習をする上で、注意していた点はどこでしたか？

何よりも「自力救済の精神、独学の精神を忘れないこと」です。授業や予備校、教材、模試のせいにせず、自分で道を切り拓く。もともと、人の話を聞くのが好きではなかったので、授業はあまりあてにせず、ほとんどの学習は孤独にこなしました。授業もよいものはよいですが、かける時間・疲労に対しての効果が薄いように思いました。そんな時間があれば、ベッドで寝転がって単語帳を読んでいた方が楽ですし、力もつきます。「試験会場で頼れるのは自分しかいない」ということに留意しましょう。

後は、「基礎の重視」です。東大の問題は「難しくないが、易しくもない」です。これをどう捉えるかは自由ですが、全体の6割の得点率で合格するという事実を知った時、真っ先に固めるべきは基礎知識です。些細なことでもバカにせず、すべてが直結するとの認識を持つよう心がけました。

○勉強をする上で、工夫していた点はありましたか？

文系科目の試験勉強は、基本的に本を読んで知識を蓄えること。軽い負担で継続的に文章を追える読書術の習得を目指しました。国語や英語の長文を読む時や歴史の教科書を読む時などに「どのような心持ちで読めば、スラスラと、また鮮烈な印象を伴って知識が定着するだろう？」と自問していました。その結果、「読める時の頭のスイッチ」のようなものが突如オンになる瞬間が感じられるようになりました。その時には、非常に軽快なリズムで、文章が彩りに満ちたイメージを持って脳内に迫ってきます。こういうゾーンに入った時に、読んだ文章は長く記憶に残ったものです。

読み方を試行錯誤してください。ヒント①文章を頭のなかで音読してはならない。音声に意識が集中して、意味内容の理解がすっ飛んでしまうことがよく起こりました。それはよくないです。ヒント②一字一句にこだわらないこと。リズムよく、全体を丸のみするような気持ちで。

●知識を吸収する上で、工夫していた点はどういったものでしたか？

暗記に関しては、一つ一つの知識に拘泥《こうでい》することなく、全体像をまず把握することを徹底しました。

また、様々な知識をつまみ食いすることは、結果的に情報の散逸につながると考えて、一通り押さえるべき知識が載った1冊の本だけを何度も何度も確認して完璧にしました。慣れてくると「同内容を違う言い方で説明しているな」などと応用が利くのですが、初見の情報は少し書き方が変わるだけでも混乱してしまうので、できるだけ洗練された1冊の本の表現を覚え込むことが大切です。ベースとなる教材を決めたら、粘着質に読み返し続けた方がよいです。吸収できないときは、本のせいにする前に5回10回と繰り返すこと。「無限に出合い続ける」ことで克服できます。

○知識をアウトプットする上で、工夫していた点はどこでしたか？

基本的に、インプットがしっかりしていればアウトプットもうまくいくはずです。アウトプットの場は答案作成が多いと思いますが、その時に自分の知っている得意とする知識に引きずられて「ゲロった」答案にしないようにしましょう。知識をひけらかそうとして、問題の意図にそぐわない解答文を作ってしまうことがよくあります。東大は、解答字数の制約が非常に厳しいことで有名です。つまり、核心をズバッと突いた答え以外は認められないということになります。「本当に問いに対する答えとして、必要十分の情報がアウトプットできているか」を吟味すべきです。

また、解答練習は作成プロセスの検証も含むので、「ああ、これ知っているから簡単」と雑な答えを作って済まさずに、丁寧で繊細な表現を心がけ、「伝わる」答案を作ることを意識していました。

●ノートの役割はどういったものでしたか？

ノートはかなりどうでもよいツールでした。いくら綺麗に書いたとしても、なぜか見返す気になれなかったので。ノートを取る時間は無駄と考え、その時間をすべて本を読む作業に費やしました。ただし、ある程度脳内で情報が整理されてきて、なおかつ追い詰められた時は、覚えるべき事項で、特に印象づけたいものを大判のザラ紙にまとめました。しかし、それらを見返すということはなく、書く作業そのものを通して知識を定着させ、しばらく眺めて「覚えた！」と思ったらぐしゃぐしゃに丸めて捨てました。最悪、本当に書かないと覚えられない場合は、白紙や裏紙に書きまくることで覚えました。

ノートは後で見返そうと思ったとしても、次から次へとタスクが迫ってきて、見返す時間などなくなります。忘れたら、また同じことを構成し直せばいいのです。まあ、その暇があれば、何度でも教材を読みましょう。

○大学受験において、インターネット上で「これは使える！」と感じたサービス／サイトはありましたか？

高校2年から「Class On Cloud」という、skype 通話のビデオ会議を利用した、ネットワーク上の少人数指導に参加していました。これは、塾・予備校とも全く異なる対話を重視したゼミで、自宅のパソコンから夜遅くでも受講ができました。僕はそこで数学の少人数ゼミ及び個別指導を受講していました。テストゼミ形式で、全国の優秀な難関志望の学生と一緒に問題を解きながら、時には解法を披露し合いつつ数学の実力をつけることができました。また、指導時間外でも、いつでも質問を受けつけていただけました。

問題をスキャンして即座に「Dropbox」で共有することができたので、ネット上のサービスでも全く不便はなく、そばで教えてもらっているような気持ちで、頼りにさせていただきました。

●「予備校に通って勉強した方が良いと思う教科」は何ですか？

意外に思われるかもしれませんが、世界史・日本史です（英数は解答が一義的に決まることが多いので、最後まで自学が可能です）。もちろん、教科書レベルの知識は身につけて、演習の講義を受けることを指すのですが。

社会科で予備校に通う目的は「未熟な高校生の頭では俯瞰しきれない歴史の大きな像を教えてもらうこと」、そして「知識に序列をつけてもらうこと」です。つまり、「普段の学習で、さほど重視していなかったテーマが東大では頻出である」といった場合に、「先生から重要な箇所を教えてもらい、自分のなかでもその重要性を再認識し、知識の重要度の序列を組み替え直す」ということです。

さらに、東大対策という意味では、社会科の記述答案をプロの目で見てもらうことが何よりも重要です。現代文なども、自信がない場合は必ず先生にチェックしてもらったり、先生の解答プロセスを参照するようにしましょう。

○勉強へのモチベーション維持のためにあなたが行っていたことは、何かありますか？

小心者の自分にとって、モチベーションとはすなわち危機感・焦燥感でした。具体的には……、
①松岡修造の動画を見る。「一番になるって言っただろ？　シジミがトゥルルって頑張ってんだよ！　お前も今日から富士山だ！」などの言葉に励まされる。
②ツイッターをする。受験に向けて頑張る同級生たちと励まし合うことで、手軽に一体感を味わえる。やりすぎには注意。
③合格体験記を見る。鉄板ですが、具体的な成功のイメージが掴めて、ほどよい危機感も生まれるのでよい。
④音楽や高校野球で頑張っている同期の人たちを見る。〝芸の道やスポーツの道の厳しさに比べれば、勉強なんてしょぼいやろ〟と思える。
⑤悪い成績の模試の結果を、スマホの待受画面にする。かなりグサッとくる。

●東大模試の得点や判定について、あなたはどのように考えますか？

基本的には「あてにならないな」という印象です。模試は形式が似ているだけで、本番とは感覚が異なります。特に現代文・日本史・数学は顕著です。各予備校の問題作成者のカラーが色濃く反映されており、「東大教授の思考ルートからは外れている」と感じる問題も少なくありませんでした。

得点は文系であれば、夏の模試で２００点を超え、秋の模試で２５０点に手が届きそうなレベルであれば、十分ではないでしょうか。今年の合格最低点の大幅な低下を見てもわかるように、毎年採点基準を変えてくるので、点数に絶対的な意味はありません。それよりも、志望者全体のなかでの順位を注意深く分析しましょう。

某模試では、４００人中20位を取ったにもかかわらず、B判定だったことがあります。A判定にこだわる必要は全くありません。模試というのは「そこで諦めルートをたどるか」「発奮して起爆剤にするか」という岐路に立たされるだけの通過儀礼にすぎません。

○あなたが東大に合格を果たした、最大の要因は何でしたか？

一つ目は「決してブレーキをかけなかったこと」です。センター試験で７４２点というビハインドを取っても、そこで諦めずに、逆転を信じて最後の1ヵ月無心で努力しました。

二つ目は、「国語を軽視しなかったこと」です。どうも周りの受験生は国語を軽視しすぎだったと思います。今年の入試では国語の採点が厳しくなり、60点を大きく下回った受験生も多かったようです。国語は暗記量が少ないので、勉強量が特段多かったわけではないですが、勉強の質をつねに最高レベルに保っていたことと、文章構造を完璧に理解するまで取り組んだことが合格につながったと思います。

三つ目は、「苦手科目を放棄したこと」です。数学はいくら努力しても伸びがさほど見られず、〝向いていない〟と感じたのと、社会科が万全ではなかったことを理由に、冬はセンター対策以外をスッパリやめました。この結果、逆に本番ではリラックスでき、問題と真摯に向き合えたと思います。

■私の東大受験■

□中島陽太郎□

◆きっかけになったのは、東日本大震災

僕が東大を目指したのは、中学3年の3月でした。小学生の頃から、将来の職業として医師と政治家がありました。医師のイメージは、漫画の「ブラックジャック」やドラマのなかの医師の姿。特にドラマの影響は大きく、救命救急士に憧れを持っていました。一方、政治家に関しては、父からの影響が大きかったです。勉強熱心な父は、よく歴史や経済の本を読んでいました。そんな父と食卓をともにしている時に、テレビのニュースについてその背景を含めて、小学生である僕に話してくれていました。そうした環境のなかで、政治家という職業を意識していきました。

中学生になると、より両方の職業について深く考えるようになります。医師は専門職であり、政治家は様々な分野に関われる職務の広さがあります。僕はその職務の広さに惹かれ、次第に政治家の方に魅力を感じていきました。

このように将来の職業について悩んでいる時に起こったのが、2011年の東日本大震災でした。17年前からインドに在住している伯父を訪ねる、ちょうど5日前の出来事。大阪にいた僕は揺れも感じず、最初に知ったのはテレビのニュースでした。実際、ニュースで映像を見ても、現実味がありませんでした。震災発生後日本が大混乱しているさなかインドへ到着すると、現地では日系商社

に勤める伯父が日本の情報を収集するべく、寝食を忘れて奔走していました。在印日本政府機関や各報道関係者、そして親しい官僚の友人たちに会い、彼らからの情報を分析し現地日系企業、日本人会、インド政府に日本の現状を伝えていました。その場にいた僕は、外からの日本、また報道者や官僚の目線で震災というものを実感。「自分も日本のために何かをしたい」という気持ちが強く湧き上がり、官僚・政治家になるべく、東大文一を志すことを決めました。

また、高校1年の時には伯父の友人である官僚や政治家の方とお会いする機会があり、その職務をより具体的に知ることで東大合格やその先の進路への高いモチベーションを維持することができました。

◆「高速学習」と「4科目同時進行型」で中高一貫校との差を埋める！

僕が進学した高校は、現大阪市長である橋下徹さんが大阪府知事時代に主導して実行された、「進学指導特色校（GLHS）」の一校である大阪府立北野高校でした。僕はその第一期生として、北野高校の文理学科に入学。同じ学科に所属する同級生のなかには、灘高を蹴って入学してくる人もいました。僕自身も西大和学園高校や大阪星光学院高校に合格しましたが、北野高校を選択しました。

そんな刺激的な同級生が周りにいる環境でしたが、公立中学から公立高校へ進学した僕が東大を目指す上で中高一貫校の生徒と進度や情報に大きな差があることは、インターネットや合格体験記からの莫大な情報収集で把握していました。

そこで見つけたのが、東進衛生予備校の「高速学習」というシステム。「高速」と名のつく通りビデオ授業による講義で、高校3年で習う範囲も高校1年から受講することが可能で、僕にぴったりの講座でした。

早速、高校1年の夏から入校したのですが、当時は部活動も忙しく、1回90分を週2回受講できればいい方でした。少ない勉強時間ながらも、高校1年の秋には高校の進度よりも1年早く数学の受験範囲を終えました。高校2年では世界史の通史講座を受講しました。これは情報収集をするなかで知った「英数を高校2年までに固める」という〝東大受験の王道〟といわれる「英数先行型」から外れる選択といえます。

しかし、これにはわけがあります。公立高校では、地歴の範囲が学校で網羅されるのはセンター直前です。これでは公立校の現役生は最後まで地歴に時間を取られてしまい、結果的に英数が直前期の段階で疎かになる可能性があります。そうなると仮に「地歴が冬にスムーズに網羅されたとしても、英数が疎かになる」もしくは「地歴すら冬に終わらず、英数と地歴すべてが疎かになる」という二つの可能性があったため、僕は「4科目同時進行型」でいこうと決意。まずは、世界史の通史を終わらせてしまおうと考えたのです。

こうして高校2年の秋に世界史を、高校3年の春には日本史を終わらせることで、公立高校の現役生が対策の遅れる地歴を得意科目とすることができました。

◆「◎・○・△・×」を使って間違えた問題を何度も解く!

僕が東大受験に不安を覚えたのは、高校2年の2月に受けた東進の東大入試同日体験模試で44

0点中146点という点数を取ってしまった時のことでした。この時初めて受験に対して〝ヤバいな〟と焦りを感じ、6月の東進の東大本番レベル模試に向けて真剣に勉強に取り組むようになりました。これまで普段はあまり勉強していませんでしたが、高校3年になったのをきっかけに放課後も5時間近く勉強していました。

世界史と日本史に関しては、東進のビデオ受講に取り組んでいましたが、英語と数学は独学。この2教科に関しては、自分で合格体験記を読み、そこで紹介されている参考書を利用して勉強を進めていきました。

重視したのは中学の時の類塾で教えられた「忘却曲線」という記憶のメカニズム。「人間は暗記しても1日後には74%を忘れてしまっている」という話を聞いたので、それを利用しました。例えば数学なら、まず問題を解いて、正解の問題には「○」、不正解の問題には「×」をつけて、解答を見ます。1日後、「×」をつけた問題を解きます。「×」をつけた問題が正解していれば、今度は「△」のマークをつけます。また不正解になってしまったものは、「×」のままにして、さらに翌日解きます。正解になるまで「×」を翌日に解き続けます。「△」がついた問題は1週間後にもう一度問題を解き、正解していれば「○」に昇格、不正解ならば「×」に降格させます。「○」がついた問題は1ヵ月後に解き、正解ならば「◎」のマークをつけ、この問題に関しては完全に定着したと考えて、その後は解きません。一方、「○」をつけた問題を間違えてしまった場合は、再度「×」をつけ、一から始めます。このような徹底的に反復する勉強法は、全科目に共通して実践していました。

そうして迎えた6月の東進の東大本番レベル模試では214点を取り、夏の東大実戦でB判定、東大オープンでA判定と、一気に成績を伸ばすことに成功しました。

受験において〝焦り〟というものは、モチベーションに成りうることを学びましたね。

秋の東大模試でも東大実戦で28点アップの260点で文二8位、東大オープンでは61点アップの299点で文二2位と、成績は順調に上昇。慢心が生まれそうなところでしたが、東進の東大特進コースで現代文の授業を担当されていた林修先生が「最近の東大生は9割使えない。ギリギリで東大に入るんじゃなく、どうせなら上位で入れ」とおっしゃっていたので、自分もさらに上を目指し勉強を続けました。

直前期も順調に過ごしていました。高校2年の時に自分が想定していた直前期のイメージは、「最後の『追い込み』として合格の固い中高一貫生を追いかける」というものだったのですが、実際は秋の模試両方で成績優秀者になっていたので、追われる側の焦りがありました。また、1月の東進の東大本番レベル模試では秋の東大実戦や東大オープンの点数よりも低かったため、これにも焦りを感じ、東大の過去問や各予備校の東大模試の過去問を、時間を測りながら解いていました。

試験当日は緊張もせず、むしろ楽しみなくらいでした。やはり秋の模試で結果を出したことは重要です。自信を持って、東大受験に臨むことができます。全体的に小さなミスをいくつか犯してしまいましたが、「今の自分なら多少ミスしても合格はできる」と心を乱さず、試験を乗り切りました。

合格を知らせるレタックスを受け取った時、嬉しさよりもホッとした気持ちが先立ちましたね。

◆公立高校から東大を目指す受験生へ

僕は東大に合格後、北野高校の３学年上の先輩と連絡を取ることができました。その先輩は僕が中学生の時に通っていた塾の先輩であり、北野高校から東大文一へと現役合格を果たした、まさに自分の道しるべとなった人です。『東大文Ⅰ』（データハウス）という合格体験記にも掲載されており、その合格体験記が東大受験を行う上で、一つの支えとなりました。僕もこの書籍に載ることで、未来の後輩のためになれれば嬉しい限りです。

最後に、公立高校から東大を目指す来年以降の受験生には、三つのメッセージを贈りたいと思います。

一つ目は情報をとにかく集めること。インターネットや合格体験記をもとに、「東大に合格するために何が必要なのか」という情報をしっかりと集め、中高一貫生との情報格差を埋めましょう。

二つ目は学校に依存しないこと。僕の高校は京都大学や大阪大学への進学者が多く、授業もそれを意識していたので無駄に感じることも多く苦労しました。時に学校の授業よりも自分自身の勉強を優先しましたし、実際にそれが成績向上につながったと思っています。

三つ目は「どうしても東大に合格したい」という強い気持ちを持つこと。東大に多くの合格者を出す進学校の生徒は自然と東大を目指す人が多いため、「何となく東大」という雰囲気がありますが、「そうした受験生たちに何としても勝つ！」という強い気持ちを持つことで勉強へのモチベーションも高まります。

頑張ってください！

p.s.

現在、僕は東京大学の学生団体「FairWind」に参加しています。FairWindは地方出張セミナーや東大ツアーでの東大生との交流を通して地方高校生に追い風を吹かせようという理念の下に活動しているので、興味のある方はぜひFairWindのホームページ（左記URL）をご覧ください。

http://fairwind-ut.com/

（談）

■私の東大受験■

□本荘悠亜□

文科三類1年の本荘悠亜と申します。アンケートに書いた内容に補足して、僭越ながら私の受験生活から得られたlessonについて述べたいと思います。陳腐な話題はできるだけ省き、私ならではの体験を中心に据えております。極めて現実的な視点をもって書いたつもりです。

●独学の精神をもて

私は主要な二つの意味で特徴的な東大受験生でした。

①勉強よりも魂を込めるライフワークが存在した。

私は中高時代、ピアノの練習に勉強の2倍近くの時間を割いており、音楽大学への進学も考えていました。決して勉強熱心ではなかったために、そこを自覚して、効率的な頭の使い方を常に意識していました。

②公立中学校から中高一貫私立進学校へ編入した。

そもそも文系の自分が、理系に強い灘高の授業（数学：1年で数学1A2Bを終わらせる！）についていくのは大変だったのは言わずもがなです。その上、入試は科目数も多く、高校入学組が現役合格に間に合わせるには無駄を切り落とす覚悟が必要です。

なぜこの2点を取り上げたかといえば、受験生の中で「部活との両立が辛い」「中高一貫生ではないので不利」と考え、東大受験を諦めようとしている人がいるかも知れないからです。私は彼ら彼女らに言いたい。部活を続けながらでも、公立高校組でも東大（文科）合格は果たせます。そのような環境のせいにはできない根拠、つまり「基礎基本を徹底的にたしかめる」という性格をもつのが、また東大入試なのです。では、基礎基本をどこで身につけるのかといえば、なんといっても主体的な学習につきます。環境要因によるハンデを埋め合わせるには、独学をどんどん進める習慣付けが何より重要になってきます。間違っても、難関大学に対応しようと塾や予備校に通い詰めになってはいけません。東大入試は科目・分野・問題形式すべてが多岐にわたる総合的試験のため求められる準備量はすさまじいものになります。学習の大部分を授業でまかなおうとすれば、時間がいくらあっても足りないのです。東大教授は何を考えてこのような分量の多いハードな試験を課すのか？　と考えたことがあるでしょうか。東大教授は、高校1年から予備校に通いまくって受験テクニックを身につけた受験生に来て欲しいと望んでいるのでしょうか？　否、それはありえません。入試問題の半分以上は、特別な訓練やテクニックを必要としない内容となっています。つまり、東大教授は独力で計画を立て、書籍をひもといて必要な知識を自分のものにし、覚えた情報を整理する力をみているとしか考えられないのです。

リアルな話をすると、予備校の授業からも、学校の授業からも「入試の得点を最大化する」という観点において得るものは極めて少なかったです。確かに教養として面白かったり、役に立つことはたくさんあるのですが、予備校や学校の授業が私の合格に直結したという感じはほとんどありません。これは嘘偽りのない実感です。講義形式の授業は、エッセンスだけを取り出してみると往々にして数十分の読書で補完できる内容であったり、聞いてわかった気になっているだけの場合が多いです。さらに、授業中にはノートを取らねばなりません。授業前後には予習復習に時間が取られます。私なら、その時間に、部屋に寝転がりながら、のんびりと同じ本を読み進めるほうが幾分か効果的で有益だと思ってしまいます。授業中の先生の声は、自らの集中度合いにかかわらず耳に入ってきます。授業が好きだという方も、結局都合の良いところだけ耳が覚えていて勉強した気になったり、遅い授業ペースに甘んじて脳をフル回転させることを忘れていることがしばしばありそうです。また、そもそも授業を聞くのがだるいという方は、我慢せずに聞くことをやめてみてはいかがでしょうか?

受験に限らず、学習のプロセスで最も重要なことは「自学自習」であることに間違いはありません。たとい高校時代を他人から教わり続けて乗り切ったとしても、その後の大学生活では誰も学習を助けてはくれません。高校時代に本と向き合って勉強するという経験をし、ある程度自信をつけておくことは後になってとても役立つことがわかります。耳学問(他人の声を通して学ぶ)は、あくまでも副次的なファクターに過ぎません。学習において、何よりの基盤として独学の精神を涵養すべきだ! と強く思います。現在は、大学受験用の教材も充実していますし、自分の裁量で自由に組み合わせることによって最大の学習効果がもたらされるでしょう。

●賢くものを読む作法

文系の学生にとって、独学のプロセスはほとんどが教科書などを読むということになると思います。「読む」という営みは最も人間の知的活動の中で根源的なものであるけれども、文章を上手に読む人とそうでない人ははっきりと分かれます。しかし、読む時点での能力は他人に推し量られることがめったにないだけに、読み方がどうしても独りよがりになったり、癖やムラのある読み方が習慣化してしまったりということが往々にして起こりうると思われます。ここでいう読みの能力とは、単なる国語読解能力に留まらない、広義での情報処理能力をさします。ともあれ、文系の学生の独学において、何よりも先に、正しい文章の読み方（答えは一つではない）を体得することが優先されるべきでしょう。一見受験と関係ないような話に思えますが、僕はこのような「読みの技術」は、お勉強云々以前に身につけるべきスキルであり、またお勉強に留まらず生涯にわたって自らを助けるものであると考えています。東大受験対策の過程でも、その重要性は強調してもしきれないわけです。何度も言うとおり、問題の内容自体が、高度な読み解き能力（数学でさえも！）を真正面から問うていることが一点。しかしそれだけではなく、読む行為は学習段階の一番初めに位置することもあって、丸暗記では対応しきれない知識の理解・体系化をスムーズに進めるためにも重大な要素であると言えるのです。とはいえ、直結する受験科目は日本史・世界史を中心とした社会科目であろうかと思います。

例えば、目の前の世界史の教科書とどう格闘するでしょうか？　普通に何度も読むだけでは眠くなってきます。かと言ってとにかく頭に叩き込もうとして躍起になるのも、血が上ってイライラしてきます。意外と、気合で無理矢理に覚えるタイプの人も少なくないようです。教科書にマーカーを引いて、語句だけに注目して覚えようとするなど、創意工夫を凝らした「暗記法」を各自考えておられるようですが、そうした術だけでは果てしない道程に挫折してしまいます。なんの変哲もない教科書、そこには著者の魂が込められていることを思い出してください。著者は、ああでもないこうでもないとよりわかりやすく簡潔な書き方、ストーリーの持って行き方を考えていたのです。世界史という莫大で混沌とした広がりを、章立て・段落分け・文章構成に至るまでの表現上の吟味を尽くしながら、ほどいて組み上げ直し、描いた作品が教科書だと思えば、硬質に感じられた文章にも多少の余裕を持った関わり方が可能になるはずです。また、文章のリズム感・呼吸や長い文脈の引き継ぎにも注目してみてください。教科書とじっとにらめっこしていると、どうしても息が詰まって細かい箇所に目が行きがちになります。全体がどういう話題の変遷をたどっているか、どの話題を重点的に述べているかを意識してみるとよいかもしれません。このような構造の俯瞰を行ったあとに、教科書の淡白な記述を立体化すべくノートに図示してみる・もしくは図表との関連性を見比べるなどすると、さらに情報の格納や取り出しが容易になります。

以上の例示は限定的なものになってしまいましたが、このような視点を持ってみるだけでも文章の捉え方が大きく違ってくるのではないでしょうか。受験は短期決戦です。スッキリしないまま勉強を続けて、無駄な時間を浪費し、焦るよりも、賢く頭を使った勉強をして欲しいと思います。気合で乗り切ろうとするのではなく、自分の理解が及ばないモヤモヤの原因を究明し解決するサイクルを繰り返すことで、文章へ向かう良いコンディションというものが徐々に整備されていくような気がします。

以上、かなり個別的な話になってしまいましたが、受験生の皆さんのお役に立てればと思います。

理科一類

有満慶太〔ありみつ　けいた〕

○**科類**：理科一類
○**出身校**：私立麻布高校
○**現役・浪人**：現役
○**センター試験得点**：793点／900点

○**得意科目**：数学
○**不得意科目**：化学
○**親の職業**：会社員

【合格年（2014年）】
前期：東京大学・理科一類　○
私大1：早稲田大学・先進理工学部　○
私大2：慶應義塾大学・医学部　×

◆通っていた塾又は予備校
・小学校：日能研
・高　校：Meplo、東進ハイスクール
　　　　東大特進コース

◆駿台予備学校の「東大実戦」
○2013年
・8月：C
・11月：B

◆河合塾の「東大OPEN」
○2013年
・8月：D
・11月：C

◆東進ハイスクールの「東大本番レベル模試」
○2013年
・9月：187点

◆高校3年時の自主学習の時間
○受験時の夏休みまで（7月まで）
　：約0時間
○夏休み（8月）
　：約12時間
○夏休み後（9月～12月上旬）
　：約7時間
○冬休み（12月下旬）
　：約15時間
○直前期（1月～2月）
　：約15時間

●どうして、東大を受験しようと思ったのですか？

僕の学校では「頭良い人は東大を目指すんだろう」という風潮があり、僕自身校内での成績は良い方であったため、周りに流されるようにして東大志望にしました。

こう書くと「大学はやりたいこと、教授で選べ」という意見を持つ人の反感を買うと思いますが、僕は何となく流されて、日本一らしいから、みたいな理由で東大を目指すことは、別に悪くないと思います。部活で慌ただしい高校生にとってみれば、のんびり吟味しながら大学を決める暇なんてないでしょう。

○勉強は好きですか？　それとも嫌いですか？

得意な科目の勉強は好きで、嫌いな科目の勉強は嫌いとしか書けません。理由は単純で、得意な科目はできる問題が多く、しかも、やると点数が高いので、勉強していて面白く、嫌いな科目は勉強しないためできる問題も少なく、点数でも悪い点しか取れないので、勉強しても行き詰まることが多く、つまらないからです。

やはり初めの段階でどれだけ我慢して勉強できたかで、その科目の得意・不得意が変わってくるのだと思います。

●得意な教科の勉強方法はどういったものでしたか？

僕は数学については塾に行っていたので、夏～秋は塾の課題やテストゼミなどの問題を「覚えるくらい」解いて、頭に叩き込むことを意識していました。

冬に入ってからは、同じことを過去問や東大型の模試（東大実戦、東大オープン等）の過去問を買ってやっていました。その際、言葉では説明しにくいのですが、問題集・参考書には載っていない「高度な数学の常識」を身につけることを意識して、問題から得られる教訓みたいなものをノートに書き留めていました。

○不得意な教科の勉強方法はどういったものでしたか？

夏休み期間は全く何もやりませんでした（夏の東大実戦、東大オープンの化学は、両方とも7点）。

夏休み明けから、「有機化学は安定して点数を取れるらしい」という情報を仕入れて、とりあえず有機だけ「重要問題集」を1周しました。そこから冬までは、学校の授業の問題を取り入れていました。

冬休みに本格的に化学ができない（秋の全統模試では、43点だった）ことに気づき、センター用の参考書で知識をつけた後は、センター・二次各々の過去問を解くだけでした。

●「これは効果がある！」と実感した、勉強全般に使える勉強方法はありましたか？

当たり前で申し訳ないのですが、「覚えるまで」同じ問題を解くことです。問題の量はそんなに多くなくてよいので、とにかく反復することが大切です。とは言っても、やった翌日にもう1回、その翌日にもう1回とやっても効果は薄いので、①解いた翌日、②その1週間後、③その3週間後、④そこから1ヵ月後の、計4周くらいすればよいのではないでしょうか（あくまで参考）。また、直前期はもっと縮めてもよいでしょう。

○「これは効果がある！」と実感した、教科別のオススメの勉強方法はありますか？

ここでは全く知識がない状態から、半年で得点源となった物理について書きたいと思います。物理の勉強はとにかく「基本に立ち返る」ことです。また、物理は「公式とパターンを暗記すればいける」みたいなことがよく言われますが、今年の太陽電池の問題においては、出来があまりよくなかったと聞きました。基本から理解していれば、電圧降下の式を書くだけの非常に易しい問題であるはずです。ですから、なるべく基本・本質から勉強し、問題を解いていくなかで「こう見ることもできるのか」という物理的視点を養うことが、一番の近道なのではないでしょうか。

●勉強をする上で、工夫していた点はどんなところでしたか？

僕は自分の性格を「完璧主義で、難しいことはできない性格」だと認識していたので、「複雑ではなく、やり通せそうなノルマ」を作ることを心がけました。例えば、「物理…○○を解く（P○○～P○○）」ではなく、「全科目…センター試験２０１１」のような感じで、セットにしていました。また、試験のように制限時間を設け、直前期以外は自習室で臨場感を持って勉強することを心がけていました。

このように、とにかく単純な計画にすることも大切なことだと思います。

○試験を行う上で、工夫していた点はどんなところでしたか？

大きく二つに分けられます。

一つ目は段取りを決めておくことです。例えば、センター試験の国語では、一般に「古典→現代文」が普通らしいのですが、古文が苦手であったので、「漢文→論説→古文」で解くことを決めておいて、さらに問題文を読んで、その都度問いに答えるようにしていました。

二つ目は、なるべく時計を見ないことです。全く見ないと時間がわからず不便ですが、たくさん見たところでどうにもならないので、大問が一つ終わるたびに見るくらいに留めておきました（これも段取りですね）。

●集中力を一番発揮できる「状況」はどんな時でしたか？

おそらく部活動をやって来た現役生ならわかると思いますが、僕は「ここ一番の大勝負」では、過去最高の力が発揮できるタイプでした。理由はおそらく本番になると、プラス思考に変わるからだと思います。多少の勉強不足は気にせず、「絶対できる」と思い込むと、案外できるものです。部活の大会直前の気持ちを思い出せば、わかると思います。勝負は格上が相手でも、100%勝つ気で挑まなければ、よい結果は出ません。何かあるたびに「これ、もう勝ちパターンじゃん」と思い込んで、徹底的にプラス思考になるように努めていました。

○あなたが東大に合格を果たした、最大の要因は何でしたか？

想いの強さだと思います。僕は人より効率的な勉強をしていたわけでも、緻密な計画を立てていたわけでも、何か飛び抜けていたわけでもありません。ですが、誰よりも東大に通うことを考えていましたし、受かった後のことを考えていましたし、合格することを考えていました。人間不思議なもので、そうしているうちに、落ちることは考えられなくなり、東大に合格するイメージが鮮明になります。ウソみたいな話ですが、合格発表の当日の朝、インターネットに僕の番号が書かれている夢を見て、合格を確信しました。やはり気持ちが一番大切なのだと思います。

蕭 喬仁〔しょう　きょうじん〕

○科　類：理科一類
○出身校：私立麻布高校
○現役・浪人：現役
○センター試験得点：848点／900点

○得意科目：数学
○不得意科目：国語
○親の職業：公務員

【合格年（2014年）】
前期：東京大学・理科一類　○
後期：横浜国立大学　出願
私大：慶應義塾大学　○

◆通っていた塾又は予備校
・小学校：早稲田アカデミー
・中学校：Z会の教室
・高　校：Z会の教室
　　　　東進ハイスクール

◆駿台予備学校の「東大実戦」
○2013年
・8月：D
・11月：B

◆河合塾の「東大OPEN」
○2013年
・11月：A

◆高校3年時の自主学習の時間
○受験時の夏休みまで（7月まで）
　：約11時間
○夏休み（8月）
　：約11時間
○夏休み後（9月～12月上旬）
　：約11時間
○冬休み（12月下旬）
　：約11時間
○直前期（1月～2月）
　：約9時間

●不得意な教科の勉強方法はどういったものでしたか？

受験直前期まで、できるだけ無視していました。さすがに古文漢文の文法事項や単語は頭に入れるようにしていましたが、本格的な勉強はセンター試験勉強を始めた12月からでした。東大の受験科目は多いので、

苦手な科目に時間をかけるよりは、まだまだ未知数である理科に時間を割り振っておく方がよいと判断したからです。苦手な科目が1個あるくらいでは致命傷にはならないのでよかったですが、2科目ある場合はどちらかを必ずつぶすべき。私は夏くらいまで英語と国語が苦手科目だったので、試験の性質や得点の安定感、将来のことを考えて、とりあえず英語をつぶすことにしました。この時は周りの目が恥ずかしくても（自分は夏休みだったからよかったが）、基礎の基礎からやっていました。

○「これは効果がある！」と実感した、勉強全般に使える勉強方法はありましたか？

塾の授業を受けて家に帰った後、寝る前に、いまさっき受けた授業の復習をすることです。復習すると言っても、ただ頭のなかで授業を脳内再生しながらノートをパラパラめくっていくだけです。例えば、授業で扱った問題の解き直しなどはその時にする必要はありません。この復習は、授業を受けてから時間が経てば経つほど、時間がかかるようになっていくので、寝る前の「パラ見」で済

んだものが、翌日以降になるとそれでは済まされなくなります。まずは、寝る前に復習をして、授業から3日経たないうちに、授業で扱った問題の解き直しや関連のある問題を解いていきました。間違った問題は完全に理解できるかを試すために、例えば1週間ほど間を空けて解き直すようにしました。

●授業のノートは取っていましたか？　また、どのように取っていましたか？

取っていました。ただし、受け身で講師の板書をコピーするのではなく、講師のしゃべったことや板書のなかで必要だと感じたものだけを自分の言葉でまとめていました。

数学では授業ごとに解答・解説を必ずもらえたので、板書をノートに書く意味が感じられず、高2のうちは講師の話や板書を理解するのを中心にやっていたためこうなったのですが、高3になると、もはや新分野はなく授業はすべて予習した演習問題の解説に移ったので、解答の書き方のお手本または練習として板書をコピーするようにしていました。おかげで見やすい解答の作り方や最低限、解答に書くべきことなどがわかりました。

○復習用のノートは作っていましたか？

作っていました。ほとんどの授業は予習型だったので、自分で演習問題を解いて授業に臨み、講師の解説やポイントを授業用ノートにまとめておいて、帰ってから間違えた問題やできなかった問題ごとに改善点をまとめていました。

特に留意していた点は、「どんな些細なミスや間違いでもそこに記録していくこと」です。わからなかった問題については、解答を覚えるつもりで知らなった解答をそこのノートに書き写していました。おかげで似たような問題を見た時の処理速度は大幅に上がりました。

とにかく自分の問題点を把握して、試験場でも意識できるようにするために、復習ノートの内容を頭に入れておくように見やすさにはわりとこだわっていました。

●予備校の予習は行っていましたか?

もちろん行っていました。高3の1学期では時間無制限で次の授業で扱う予定の問題を解いていましたが、夏休み以降では、例えば数学では1問20〜25分を目安にやってみたり、4問を100分以内に解いてみたりすることで、より実戦に近い形で予習していました。英語に関しても、実際に自分が試験場で各大問に割り振る予定の時間を意識して予習をしていました。時間無制限の予習を続けていくと、勉強時間も足りなくなってきますし、本番で求められる難しい問題を後回しにして、できる問題から解いていくことが、頭ではわかっていても実際に実践できなくなるかもしれないからです。

○復習で得られる効果はどういったものが考えられますか？

化学や英語の授業では、教わった知識が定着します。数学や物理においては、問題を解く道筋を頭のなかにインプットかつアウトプットされていくので、自分の解ける問題の範囲が広がっていきました。ただし、これらの効果はほとんど自分では確認できないため、積極的に摸試や未知の問題にトライしていかなければなりません。

また何度も復習をしていくうちに、自分のなかで間違いやすいポイントやつまずきやすいポイントなどが明確になっていくので、後の勉強の効率が上がっていきました。ただし、これも自分では確認できないので、地道な努力が必要だと思います。

●集中力が低下した時に、集中力を回復させる方法は何かありましたか？

一度勉強を中断することが一番だと思います。集中力が低いままで勉強しても大きな効果は期待できないので、そういう時は割り切って、友達や家族と談笑したり、ネットサーフィンしたりして、翌日等に向けて鋭気を養っていました。自分のお気に入りの音楽を、目をつぶって聞いたりしても集中力は回復したりします。音楽を聴くだけなので、4分か5分くらいでリフレッシュできるので、この方法はオススメです。

「いまやっている科目とは、別の科目にシフトする」というのもいい方法だと思いますが、やはり一番は一度中断することだと思います。

○東大模試の得点や判定についてのあなたの考えは、どういったものですか？

基本的に信頼しておいてよいと思いますが、〝このままいけばA判定〟などと思っていた方がよいと思います。よい判定が出た人、そうでない人にとっても、模試の判定はこれまでの学習の進度の相対評価でしかないので、悲観も楽観もするべきではありません。実際にE判定から大逆転した人や、A判定から転落してしまった人が友達にいるので、判定を客観的に見て、今後の勉強の計画を見直していく道具として使った方が賢いです。悪い判定が出てしまって志望校を変更するくらいなら、必死に勉強計画を練り直して、本番まで努力した方が得るものが大きいと思います。

●「予備校に通って勉強した方がよい」と思う教科は何ですか？

物理。多くの受験生が高3または高2の冬くらいから勉強を始める理科科目のなかでも、物理だけは独学で、しかも1年で勉強を終えることはできません。いわゆる物理数学を学ばない高校の授業では、公式などを中心にして勉強させられますが、公式だけでは東大物理で高得点を取ることは難しいと思います。

○受験期の友人関係はどういったものでしたか？

ライバル関係とまではいかないものの、身近な友人を目標に頑張っていました。基本的に受験のことは話さないで、たわいもない話をしていましたし、ただ目標にして頑張っていただけなので、友人関係に変化はありませんでしたし、むしろ仲はよくなったかもしれません。

そもそも友達のほとんどが頭のいい人で、「その人たちに追いつこう」と手を変え品を変えて勉強の方法を試行錯誤していたので、周りの人の成績を考えている余裕は自分にはありませんでした。また、自分は彼らにとってはライバルですらなかったようなので、敵対視されるはずもなく、友人関係は非常に良好だったと思います。

●「私の合格に一番必要だったのは、これだった」というものは何でしたか？

「ほぼ1年中、同じくらい勉強し続けたこと」だと思います。

多くの受験生は夏から本気を出すようですが、私は1学期からアクセル全開で勉強し続けていました。夏休みが終わって多くの人がだらけ始める9月から11月の間も、コンスタントに勉強を続けられたのが一番の勝因だったと思います。この期間は夏休みが終わって燃え尽きた受験生が、秋の冠摸試を受けるまでの期間なので、ここで辛抱強く勉強できる人は容易に多くのライバルを抜き去ることができます。

ただし、この期間だけ勉強すればいいわけでもないので、とりあえず入試が終わるまでの1年間くらいはずっと勉強しておいた方がよいでしょう。

前　匡鴻〔まえ　まさひろ〕

○科　類：理科一類
○出身校：国立広島大学附属高校
○現役・浪人：現役
○センター試験得点：767点／900点

○得意科目：物理・数学
○不得意科目：国語
○親の職業：会社役員

【合格年（2014年）】
前期：東京大学・理科一類　○
後期：東京工業大学・第Ⅶ類　出願

◆通っていた塾又は予備校
・小学校：家庭学習研究社
・中学校：大木スクール
・高　校：大木スクール・東進衛星予備校

◆駿台予備学校の「東大実戦」
○2013年
・11月：C

◆河合塾の「東大OPEN」
○2013年
・8月：B
・11月：C

◆高校3年時の自主学習の時間
○受験時の夏休みまで（7月まで）：約2時間
○夏休み（8月）：約8時間
○夏休み後（9月～12月上旬）：約4時間
○冬休み（12月下旬）：約8時間
○直前期（1月～2月）：約10時間

●受験期において、一番印象に残っているものは何ですか？

10月の学校行事クラスマッチでの右鎖骨の骨折。

○どうして、東大を受験しようと思ったのですか？

自分のやりたいエネルギー（発電）や宇宙の研究が一番充実していたから。学園祭などを通じて、東京大学の伝統ある校風に憧れ、あのキャンパスで学びたいと思ったから。将来やりたいことが漠然としか決まっておらず、リベラルアーツ教育にひかれたから。

●勉強は好きですか？　それとも嫌いですか？

好きです。新しいことを知るということは、これまで自分が出合ったもの、そしてこれから出合うものをより多角的に見ることができるので、それによって自分の世界が広がるからです。

○あなたが得意な教科の勉強方法はどういったものでしたか？

一度解いたことがある問題は、問題を見て解答の指針が立つか確かめるという方法で復習すると効率が良いです。もしわからなければ、もう一度時間をとって解き直し、わからないところがないようにしました。

●不得意な教科の勉強方法はどういったものでしたか？

自分のどういう考え方が間違いを招くのかを先生に質問したり、模試の見直しの解答で確認したりして、正解に至る正しい解答プロセスを身につける。時には、慣れるために問題量をこなすことも大切です。

○「これは効果がある！」と実感した、勉強全般に使える勉強方法はありましたか？

新たに学習する内容、また、解いた問題ごとに、その中でどこが、どの流れが重要なのかを毎回確認して、自分でノートにまとめることです。

●勉強をする上で、工夫していたことはありましたか？

勉強する時としない時のメリハリをつけて、勉強する時は、今日はどの勉強をどういう順番でするか計画を立てるなどして効率よく学習を進めました。

○試験を行う上で、工夫していた点はどんなところでしたか？

いつも本番のセンター試験や二次試験を受けるという気持ちで臨み、問題を解いている間も、本番だったらどうするか、といったことを考えながら試験を受けたことです。

●普段の生活を営んでいく上で、「受験に役立つ工夫」は何かありましたか？

自分の勉強できる場所を見つけることです。

○知識を吸収する上で、工夫していた点はありましたか？

これまでに自分の知っていることと結びつけることで、印象に残るようにしました。また、公式などはただ覚えず、それが導き出される過程や背景にある考え方も理解するようにしました。

●知識をアウトプットする上で、工夫していた点は何かありましたか？

アウトプットとインプットを度々繰り返すようにしました。

○授業のノートはどのように取っていましたか？

自分で参考書を作るようなつもりで、行間や文の頭の位置、文字の大きさや決まった書き方といったフォーマットをそろえ、またレイアウトにもこだわっていました。

●自分のノートを見返す場合、気を付けていた点はありますか？

人に教えるつもりで、理解しようと努めていました。

問題のノートの時は、問題を解く手順を頭にイメージしながら解答を確認していました。

○予習で得られる効果は何ですか？

自分の弱点を理解して授業に臨むことができることです。

●予備校の復習は行っていましたか？

前の授業の流れをイメージしながら、ノートを見直していました。

○復習で得られる効果は何ですか？

授業後に忘れてしまったところを、放置することなく見つけ、穴埋めすることができます。

●勉強をする際に、「これは使える！」と思えた勉強道具はありましたか？

スケジュール帳。
自分の勉強計画を立てることで、効率の良い学習に繋がります。

○勉強に欠かせない道具は何かありましたか？

お気に入りのシャープペンシル。
愛着がある筆記用具が一番、勉強のモチベーションが上がります。

●集中力を高める「もの」は何かありましたか？

エナジードリンク。
脳を動かすために必要なブドウ糖を効率よく摂取できます。

カフェインが集中力を高めてくれます。
アミノ酸が勉強で疲弊した体を助けてくれます。

○勉強はどのような場所で行っていましたか？

塾の自習室。
家では誘惑が多いですが、塾ではとことん勉強に向かうことが出来たからです。

●勉強する場所に求めることは何ですか？

自分の学習スタイルに合うかどうか（机の広さ、周りの音）。
快適な学習環境が継続的に得られて初めて豊かな学習ができると思うからです。

○集中力を一番発揮できる「状況」はどんな時でしたか？

夜。
勉強を邪魔するものが少ないからです。

●集中力を一番発揮できる「場所」はどんな所でしたか？

塾の自習室。
周りに同じ志を持った人たちがいて、やる気が出たからです。

○集中力が低下した時に、集中力を回復させる方法は何かありましたか？

体を動かしてストレッチをすること。
15〜30分ほど仮眠すること。

●大学受験において、インターネットをどのように活用していましたか？

受験情報を得るために活用していました。

○大学受験において、インターネット上で「これは使える！」と感じたサービス／サイトはありましたか？

河合塾のセンター過去問のページ。
UTaisaku-webの東大受験まとめページ。

●大学受験において、コンピューターのソフトを使って勉強したことはありましたか？

PowerPointで単語帳を作って、フラッシュカードのようにして覚えていました。

○大学受験において、スマートフォンを活用したことはありましたか？

パソコンで作ったPowerPointの単語帳をスマートフォンに入れて、移動時間などの空き時間に気軽に学習できるようにしていました。

●受験に使えるアプリは何かありましたか？

カウントダウンタイマー。

模試や受験本番までの日数をカウントダウンすることで、気分を高めることが出来ます。

○模試の復習をどのように行っていましたか？

マーク模試は試験後自己採点をしたら、間違った問題や本番に悩んだ問題を、解答を見てすぐに復習するようにしていました。解説だけではわからない場合は、適宜参考書を見たり、先生に質問したりしました。

記述模試は、返却されてから自分のどういう解き方が良くなかったのかを特に確認するようにしていました。

●模試の復習は、あなたにどんな効果をもたらしましたか？

自分の弱点の克服です。

○模試の見直しの際に、一番注意を払っていたことは何ですか？

わからなかったのか、ケアレスミスかを見分けること。

自分の取れる問題を確実に取っていくという姿勢が大切だと思ったからです。

●東大模試の得点や判定についてあなたはどのように考えていますか？

あくまで目安。多少悪い判定でも直前のがんばり次第で合格できます。

○東大模試の解答・解説は読んでいましたか？

読んでいました。東大の二次試験の傾向と対策や二次試験に役立つ発展的な学習内容が書かれていて参考になったからです。

●大学受験で勉強のスケジュールは立てていましたか？

立てていました。勉強だけでなく学校行事にも積極的に関わっていたので、限られた時間に効率よく勉強するためにスケジュール帳を活用していました。

また、模試に向けての勉強計画などを立てるためにも利用していました。

○勉強スケジュールは短期で計画を立てていましたか？　それとも長期で立てていましたか？

短期長期どちらも。

長期で、大体いつまでに何をするかを考えて、短期でその時点での達成度などを確認しながら調整していました。

●受験期に、自らの意志で「勉強面で」習慣化していたことはありましたか?

塾の授業までは、自習室に入って勉強することです。毎日一定時間勉強する習慣がつきました。

○予備校に通うことの利点はどんなところでしたか?

自分に必要な、まだ足りない学力をどのように身につければよいか、また、その最適な手順をこれまでの生徒のデータから的確に教えてくれるところが良いと思います。

●大学受験において、高校で一番役立ったこと感じたことは何でしたか?

一緒に受験勉強をするクラスメート、仲間の存在です。一緒に勉強することでモチベーションも上がりますし、また、情報交換が出来たり、互いに教えあったりという面でもとても頼りになる存在でした。

○受験期に、受験を意識して食していた食べ物はありますか?

朝に白米を食べることです。

朝にしっかりと主食をとることで脳にしっかりとエネルギーがいき、午前中の勉強の効率アップとなります。

●勉強へのモチベーション維持のために、あなたが行っていたことは何かありましたか?

入学した後のことを考えること。

○ご友人の方と勉強を教え合ったりしていましたか?

教え合っていました。

自分がわからない問題などで、自分とは違うアプローチの仕方などを教えてくれて、とても参考になりました。お互いの得意な部分を活かすと効果的だと思います。

●あなたが東大に合格を果たした、最大の要因は何でしたか?

強い意志。

自分を奮い立たせる強い意志さえあれば自ずと結果はついてきます。

オススメの参考書

❶『大学への数学 新スタンダード演習』

教科名：数学
出版社名：東京出版
オススメの理由：精選された良質の問題を効率よく、無理なく学ぶことができる。解説もわかりやすく豊富にあり、良い。繰り返し学習すると力がつく。

＊　＊　＊

❷『名問の森 物理』

教科名：物理
出版社名：河合出版
オススメの理由：難関大を受けるにあたって必要となってくる、物理の問題に対する基本となる考え方がわかりやすく解説してある。

＊　＊　＊

❸『基礎英文法問題精講』

教科名：英語
出版社名：旺文社
オススメの理由：センター試験から難関大二次試験まで、受験英語で必須の文法事項が余すことなく書いてある。特に、基本を重視する東京大学の受験においては重宝した。

理科

二類

伊藤正浩〔いとう　まさひろ〕

○科　類：理科二類
○出身校：国立筑波大学附属駒場高校
○現役・浪人：現役
○センター試験得点：798点／900点

○得意科目：生物、化学
○不得意科目：数学
○親の職業：自営業

【合格年（2014年）】
前期：東京大学・理科二類　○
後期：東京大学・全科類　出願

◆通っていた塾又は予備校
・小学校：早稲田アカデミー
・中学校：鉄緑会
・高　校：鉄緑会

◆駿台予備学校の「東大実戦」
○2013年
・8月：B
・11月：A

◆河合塾の「東大OPEN」
○2013年
・8月：A
・11月：A

◆高校3年時の自主学習の時間
○受験時の夏休みまで（7月まで）：約3時間
○夏休み（8月）：約10・5時間
○夏休み後（9月～12月上旬）：約4時間
○冬休み（12月下旬）：約11時間
○直前期（1月～2月）：約11時間

●得意な教科の勉強方法はどんな方法でしたか？

僕が得意だった科目は生物です。

東大の生物の問題は、知識というより生物的な頭の働かせ方が問われています。僕は元々生物が好きだったため、ある程度の点は、さほど勉強せずとも取れていました。そこからさらに点を伸ばすために、夏以降は定期的にまとめノートを見返して知識を確認するとともに、東大型の実験考察問題に多く当たりました。東大生物は時間が足りなくなりがちですが、とにかく多くの問題に当たることで解決できたように思います。

○不得意な教科の勉強方法はどんな方法でしたか？

僕が不得意だった科目は数学です。

僕は数学的なセンスがない人間だったので、東大の問題には歯が立ちませんでした。そのため、問題ごとの解法を体系的に整理し、直感的に解き始めるのではなく、手順を確認してから解き始める訓練を高3の夏以降に積みました。その訓練を積むことで、本番においても、解くべき問題を確実に解けるようになりました。

●勉強に欠かせない道具は何かありましたか？

僕の勉強に欠かせなかった道具は、ストップウォッチです。演習などを自分で時間を決めて行う際に必要となるのはもちろんですが、僕は普段の勉強においてもストップウォッチを使っていました。その理由は、だらけないようにするためです。総勉強時間は、計りませんでしたが、どれだけ勉強したかが、一目でわかり、「あと10分やったら休もう」などと、休む時間の目安にもなりました。

○勉強はどのような場所で行っていましたか？

勉強は基本的に家で行っていました。家には教材が揃っており、様々な科目をすぐに始められるからです。

しかし、演習など、まとまった時間を計って行う勉強をする時や、日曜日や夏休みなど、勉強時間が長くなるような時は、気分転換をかねて自習室へ行っていました。自習室へ行くまでの道のりに、リスニング教材を聞いたりすることで、移動の時間も有効に活用できます。

●大学受験において、コンピューターのソフトを使って勉強したことはありましたか？

僕は生物の記述のまとめノートを作る際に、wordを使用しました。記述のまとめノートは、どうしても文字が多くなってしまうため、手書きだと汚くなってしまうと感じたからです。

Wordでノートを作ることで、確かにきれいにでき上がるというメリットはありますが、同時に少し図を加えたい時などはword上ではできないというデメリットもあるので、うまく使い分けるとよいと思います。

○あなたが東大に合格を果たした、最大の要因は何でしたか？

僕が東大合格を果たすことができた最大の要因は、各科目間でのバランスをうまく取ることができたことだと思います。

東大は必要となる科目数がセンター試験を含めて多く、すべての科目を万遍なく完全に勉強するのは難しいことです。そこで、各科目ごとに勉強のコストとベネフィットを考えて、やっと伸びる科目、自分の足を引っ張っている科目を重点的に学ぶことで、全体として合格点が取れるようになると思います。

宮原 健〔みやはら けん〕

○科　類：理科二類
○出身校：私立北嶺高校
○現役・浪人：現役
○センター試験得点：810点／900点

○得意科目：強いて言うなら英語、物理
○不得意科目：国語、日本史
○親の職業：会社員

【合格年（2014年）】
前期：東京大学・理科二類　○
後期：東京大学・全科類　出願

◆通っていた塾又は予備校
・小学校：能開センター
・中学校：なし
・高　校：IMS

◆駿台予備学校の「東大実戦」
○2013年
・8月：A
・11月：A

◆河合塾の「東大OPEN」
○2013年
・11月：A

◆代々木ゼミナールの「東大プレ」
○2013年
・7月：A
・12月：A

◆東進ハイスクールの「東大本番レベル模試」
○2013年
・6月：194点
・9月：220点
○2014年
・1月：232点

◆高校3年時の自主学習の時間
○受験時の夏休みまで（7月まで）
：約5～6時間
○夏休み（8月）
：約10時間
○夏休み後（9月～12月上旬）
：約4～6時間
○冬休み（12月下旬）
：約8～11時間
○直前期（1月～2月）
：約6時間

●勉強はどのような場所で行っていましたか？

自分は自分の学校から走って30秒のところにある「青雲寮」で勉強していました。基本的には、自室でやっていました。学校からすごく近くて、十分な睡眠時間を確保しつつも、しっかりと勉強を進めることができました。

また、センター前は、1階にある自習室の一部をほぼ占領してやりました。ご飯等で自分の部屋から下に降りていくのが面倒くさかったからです。

上記の二つ、どちらでもチューターと呼ばれる人が質問に応えてくれました。

○「これは効果がある！」と実感した、勉強全般に使える勉強方法はありましたか？

東大に限らず、まずは合格した人の話、先輩の話というのは、すごく役立ちます。

例えば、本屋へいくとたくさんの参考書・問題集があり、悩んでしまいます。自分はまず、高3になるまでに、たくさんの合格体験記を読みました。そのなかで「自分と似ているかも」と思った人のオススメしている参考書を購入しました（似ているっていうのは、「レベル的に同じ」「環境が近い」ということです）。この作戦は、すごくうまくいったと思っています。

●得意な教科の勉強方法はどういったものでしたか？

○英語

好きになることが大切です。教科書等を読んでもつまらないので、カンタンな洋書（リーダー）を試しに読んでみてください。すぐに英語が楽しくなるはずです。

まず単語を覚えましょう。辞書を引く面倒臭さが激減します。「ある程度覚えた」と思ったら、ひたすら多読です。リスニングよりも、リーディングの方がまずは大切です。速く読めるようになったら、リスニングを毎日やりましょう。教材は何でもいいですが、オススメをあげておきます。「鉄緑会東大英単語熟語鉄壁」（角川学芸出版）、「キムタツの東大英語リスニングシリーズ」（アルク）、「東京大学　英語シリーズ」（河合出版）。

○大学受験において、高校で一番役立ったと感じたことは何でしたか？

物理の岡本先生が、冠模試の添削をしてくださったことです。「名問の森」（河合出版）が終わった頃から始めました。役に立ったことは、まず何より答案作成術です。「ここをこうした方がいい」など、具体的にアドバイスをいただき、より速くより簡潔に答案を作ることができるようになりました。

また、本試22ヵ年分に相当する量を見ていただいて、「ミスさえしなければ物理はいける」という自信もつきました。「せっかく見てもらうんだから」ということで、1問に150分くらい費やしたこともあり、すぐ答えを見てしまいがちな自分でも思考力がつきました。

●大学受験において、高校で一番役立ったと感じたことは何でしたか?

先生方に相談すれば、様々な形で個別の添削をしてくれます。また、ライティングの授業では、毎週自由英作文の課題を配って、ネイティブの先生が見てくれます。これは特に頼まなくてもやってくれて、逆に忘れると、プリントで叩かれます(軽く)。自分から添削のことを考えなくてよく、ライティングは授業のみに完全に任せることができて、その分、他のことに時間を費やすことができました。

自分は先生方が恐かったのですが、友達のなかにはすごく打ち解けて接している人もいて、「いいなぁ」と思いました。

○模試の復習をどのように行っていましたか?

帰った日のうちに自己採点をして、次の日に丸一日を使って全教科の問題と答えを照らし合わせて復習しました。また、模試の後の3日間は、模試でのリスニングの復習を毎日リスニングの代わりとしました(A、B、Cで3日間)。

１ヵ月後に答案が返ってきたら、「なんで減点されているのか」ということを中心に、再び見直しました。理科で完答できなかった問題は解き直しました。

さらにセンター前に国語、後に英数理の見直しをもう一度しました。本番も模試みたいな感じなので、見直しは大事です。

●大学受験で勉強のスケジュールは立てていましたか？

大まかに、「夏まで英数、秋理科、センター前国語・日本史、その後理科」という感じで立てていました。例えば、いい加減に「日本史を４月にやる」とかでやっていると勉強のロスが多くなってしまうと思います。また、直前期には伸びにくい英数を先にやっておくことで、直前期に理科に集中できました。毎日やらないといけないことを除いて、１教科に集中することで、成績の伸びが感じられてモチベーションＵＰにもつながりました。

春夏秋冬でやる科目を決めるのは、するべきだと思います。開示点を見ても理科の点数の伸びを実感しました。ちなみに古典の過去問10年分やった国語は14点でした（笑）。

家庭教師生徒募集です。国語苦手で、国語以外で受かってやる！　と考えている人は、kenvou1995@yahoo.co.jp まで、まずはお気軽にどうぞ！

オススメの参考書

❶『名問の森 物理』

教科名：物理
出版社名：河合出版
オススメの理由：典型問題が揃っています。薄いので割とすぐに終わると思います。

＊　＊　＊

❷『難問題の系統とその解き方』

教科名：物理
出版社名：ニュートンプレス
オススメの理由：問題数も多く１問１問時間がかかりますが、例題はもちろん演習問題もやると絶大な破壊力を誇ってくれます。

＊　＊　＊

❸『化学の新演習』

教科名：化学
出版社名：三省堂
オススメの理由：理論では、よくこの中の問題とほぼ同じ問題が本試験で出題されます。この１冊を仕上げれば、化学で戦えるようになると思います。しっかり高分子までやることが大切です。
個人的には、重要問題集よりおすすめです。

理科

三類

小川万里〔おがわ　ばんり〕

○科　類：理科三類
○出身校：私立東海高校
○現役・浪人：一浪
○センター試験得点：（現役）８３２点／９００点
　　　　　　　　　：（浪人）８３４点／９００点

○得意科目：英語、数学、物理
○不得意科目：古文
○親の職業：喫茶店店主

【合格年（２０１４年）の受験校】
前期：東京大学・理科三類　○
後期：千葉大学・医学部　出願

【前年（２０１３年）の受験校】
前期：東京大学・理科三類　×
後期：千葉大学・医学部　×

◆通っていた塾又は予備校
・小学校：なし
・中学校：なし
・高　校：なし
・浪　人：河合塾

◆駿台予備学校の「東大実戦」
○２０１３年
・８月：Ａ
・11月：Ａ
○２０１２年
・８月：Ｂ
・11月：Ｃ

◆河合塾の「東大ＯＰＥＮ」
○２０１３年
・８月：Ａ
・11月：Ｂ
○２０１２年
・８月：Ｃ
・11月：Ｃ

◆東進ハイスクールの「東大本番レベル模試」
○２０１４年
・１月：３０９点
○２０１３年
・１月：２６７点

◆高校3年時の自主学習の時間
○受験時の夏休みまで（7月まで）
　：約4時間
○夏休み（8月）：約10時間
○夏休み後（9月～12月上旬）：約5時間
○冬休み（12月下旬）：約10時間
○直前期（1月～2月）：約10時間

●どうして、東大を受験しようと思ったのですか?

僕が小学生の頃、親戚のおじさんが脳に障害を負って言葉を話すことができなくなり、しばらくして亡くなりました。おじさんが亡くなったことへの悲しみはもちろんありましたが、当時の僕には、意識しても思うように体を動かせないという状態が不思議に思えてなりませんでした。中学生になって、人間の心と行動を支配する脳に本格的に興味を抱き始め、〝医学部に行きたい〟と思い始めました。

数ある医学部の中で東大を選んだのは、様々な分野に特化した学生と1・2年次の教養学部で共に学ぶことで、医学に限らず広い知見を得ることができ、また東大のように優秀な集団に属することが、未熟な自分を高めるモチベーションになると考えたからです。

○勉強は好きですか? それとも嫌いですか?

試験に合格することだけを目的とした勉強は嫌いですが、自分の興味に合った分野を自分のペースで勉強するのは大好きです。

前者の場合、〝試験勉強とはいえ自分のためになるように勉強しよう〟といくら考えても、結局は〝合格すればなんでもいい〟という考えに陥り、公式や解法の暗記に終始してしまいがちだと思います。

僕自身そういったタイプの勉強がほとんどだったのでこう言っても説得力がないかもしれませんが、興味関心の向いたことを自分から進んで勉強し、その本質を知ることに勉強の楽しさがあるんじゃないかなと思います。大学からはそんな勉強をしていきたいです。

●大学受験において、インターネットをどのように活用していましたか？

Amazonで参考書を注文したり、2ちゃんねるの大学受験板で理三志望向けの参考書を調べたり、yahoo知恵袋で自分が書いた英作文の添削をしてもらったり、参考書に載っていない高度な事項を検索するのに使っていました。

僕の出身校では理三を受ける人が少なかったので、情報を得る手段としてインターネットは大きな役割を果たしました。高校時代は参考書を使って自分で勉強していたので、Amazonや2ちゃんねるがなかったら、合格するどころか理三を目指すことすら考えなかったと思います。もちろんインターネットは情報の正確さに欠けるので、なんでも鵜呑みにするのはよくないと思いますけど。

○受験に使えるアプリは何かありましたか？

辞書アプリとして、「ウィズダム英和・和英辞典」と「大辞林」を愛用していました。通学中の電車内で英文を読むとき、手軽に意味を調べられて便利です。新しく知った単語はメモ帳のアプリに登録して、たまに見返して覚えました。

「TED」という英語の講演会を主催しているグループがあるのですが、「TED」というアプリでその講演を聴くことができるので、東大の講義形式のリスニングを対策するのに使いました。

また、「Sleep Meister」という眠りが浅い時に起こしてくれるアプリを目覚まし時計として使って、毎朝すっきりと起き、すぐに勉強に取り組むことができました。

●「私の合格に一番必要だったのは、これだった」というものは何でしたか？

合格にある程度のセンスが必要なのは否定できないと思いますが、個人的にはセンスよりも努力の方が大事だと思います。ですから合格に一番必要だったのは、努力とやる気の源となる周りの人のサポートだと思います。

学習環境を整えてくださった中学、高校、塾の教職員や事務の方々。わからないところを教え合い、ライバルとして目標でもあった同学年の人たち。医師への道を進む僕を励ましてくれ、様々な教訓を教えてくれた父。毎日ごはんを作って、僕の栄養面や体調を気づかってくれた母。その他勉強の励みになった全ての人達。それら全員との関係が、理三合格に限らずいまの自分を作り上げていると思います。感謝の気持ちでいっぱいです。

自分のためだけでなく、いままで世話になった周りの方々にお返しをしてあげられるようになるためにも、立派な人間になりたいと思います。

オススメの参考書

1『DUO 3.0』

教科名：英語

出版社名：アイシーピー

オススメの理由：例文ごと覚えるタイプの英単語帳。様々な場面で使える英文が載っているので、文ごと覚えれば自由英作文にも使えて一石二鳥。文意と一緒に覚えるから忘れにくい。

＊　＊　＊

2『古文単語 FORMULA 600』

教科名：古文

出版社名：ナガセ

オススメの理由：単語と意味が見やすく、短い例文もあって覚えやすい。入試に出やすい単語を集めているので、ほぼ過不足ない単語量を覚えられる。

＊　＊　＊

3『ハイレベル理系数学』

教科名：数学

出版社名：河合出版

オススメの理由：重要な典型問題が多い。難しい問題を解ける。最近の東大の傾向を考えると、「新数学演習」よりこっちの方がオススメだと思う。

河井孝夫〔かわい　たかお〕

○科　類：理科三類
○出身校：私立灘高校
○現役・浪人：現役
○センター試験得点：783点／900点

○得意科目：数学
○不得意科目：国語
○親の職業：医師

【合格年（2014年）】
前期：東京大学・理科三類　○
後期：大阪大学・医学部　出願

◆通っていた塾又は予備校
・小学校：希学園
・中学校：なし
・高　校：鉄緑会、東進ハイスクール

◆駿台予備学校の「東大実戦」
○2013年
・8月：A
・11月：D

◆河合塾の「東大OPEN」
○2013年
・8月：C
・11月：D

◆東進ハイスクールの「東大本番レベル模試」
○2013年
・6月：196点
・9月：269点
○2014年
・1月：257点

◆高校3年時の自主学習の時間
○受験時の夏休みまで（7月まで）：約4時間
○夏休み（8月）：約10時間
○夏休み後（9月～12月上旬）：約4時間
○冬休み（12月下旬）：約10時間
○直前期（1月～2月）：約10時間

●どうして、東大を受験しようと思ったのですか？

一番の理由は、「日本一の大学」と呼ばれているからです。そして、自分の実力に、その大学に入れるだけの自信があったからです。自分への過剰なまでの自信は、受験において必須だと思います。ただし、自信があるなかでも、矛盾するようですが、自分に対して謙虚であり続けることも必要です。なぜなら、「勉強」という努力をする必要があるからです。傲慢であっては、よい勉強には決してつながらないでしょう。勉強せずに東大に受かるような天才はほとんどいません。

もう一つの理由は、東大が東京にあるからです。僕は大阪出身ですので、東大へ行くと一人暮らしをする必要があります。個人的な理由になってしまうのですが、一人暮らしをして、親から自立したいというのも理由の一つです。

○得意な教科の勉強方法はどういったものでしたか？

数学の勉強法は、とりあえずは、「基本問題と呼ばれる問題の解き方を覚えること」です。基本問題は、普通の高校の授業でやるレベルの問題です。それらの問題がほぼ完璧になった後は、「たくさんの問題を解くこと」です。これは、入試レベルの問題を解くことにつきます。

そして、重要なことは「一度やった問題は、解法を覚えて、2回目には必ず解けるようにすること」です。数学はもちろん思考もありますが、ある程度の部分は、暗記が重要なのだと僕は思います。そして、知らない問題にあたった時に、まずはいわゆる実験をして、「いままでやったことのあるなかで、どの問題に類似しているか」を考えるのです。「類似→調整」という言葉は、僕の数学教師が言っていた言葉なのですが、この言葉こそ、入試数学においては、本質を突いているのではないでしょうか?

●勉強に欠かせない道具は何かありましたか?

道具ではないのですが、僕がテスト前に必ず見るようにしていたノートがあります。このノートは、「間違えやすいものノート」です。つまり、自分が普段の勉強でミスをした項目をすべて書きつけたノートです。僕は理系科目でよく単純なミスをしたので、数学・物理・化学の3冊を作りました。作り始めたのは、高3の夏くらいでしたが、入試本番までには、ノートの半分以上は埋まりました。

このノートを作ったことで、ミスが全体的に減りました。特に、ある程度のレベルに来ると、「(少なくとも僕の場合は)理科の失点の大半はミスによるもの」と言えるので、このノートは僕の点数を非常に伸ばしてくれた気がします。

○大学受験で勉強のスケジュールは立てていましたか？

スケジュールは立てていましたし、立てるべきだと思います。スケジュール管理は、まず自分のやるべきことを書き出し、次にそれらのなかで優先順位をつけ、日ごとにすべきノルマを立てていました。これは長期の予定において、使っていたスケジュールの作り方です。

また、短期の予定において、「曜日ごとに何時から何時までは何をする」という時間ごとのスケジュールも立てていました。「何をするか」を決めずに漠然と勉強をしてしまうと、スケジュールを立てた場合に比べて、総勉強量が少なくなってしまう気がします。

●集中力が低下した時に、集中力を回復させる方法は何かありましたか？

休むことです。特に、寝ることが重要だと思います。集中力を欠くと、間違いなく勉強全般の効率が下がります。そのような時は、迷わず寝ることが重要だと思います。僕も、受験中でも毎日少なくとも約6時間は寝るようにしていました。必要な睡眠時間の多寡は、個人によって違いますが、受験生であっても睡眠時間を削るのは得策ではないと思います。

○勉強の合間に行っていたリフレッシュ方法は何かありましたか？

一番のリフレッシュは、友達と話すことだと思います。学校や塾へ行けば、これは可能なことなので、簡単にできるという点でもよいリフレッシュ法だと思います。

たまに、学校より家での勉強の方が効率的だと考えて、学校を休む人がいますが、学校には毎日必ずいくべきだと思います。学校で生活リズムが作られますし、さらに、学校の体育や僕の場合は昼休みにするバスケットも大いにリフレッシュになりました。

ただし、長期休暇は学校にはいけないですし、僕は自習室にも行っていなかったので、家の周りをランニングすることで、リフレッシュしていました。

●あなたが東大に合格を果たした、最大の要因は何でしたか？

最大の要因は、精神論になってしまうのですが、「自分を信じ続けること」です。つまり、〝俺が受からな、誰が受かるねん〟というくらいの意気込みをつねに持ち続けたことです。

僕は受験前の模試の成績やセンター試験の点数だけを見ると、志望校を変えてもいいくらいの成績でした。実際に、僕と同じ成績で志望校を変えた友達を何人も知っています。しかし、僕は志望校を変えませんでした。なぜなら、自分は合格できると信じ続け、何より〝東大へ行きたい〟という気持ちが強かったからだろうと思います。

当たり前ですが、志望校を変えては、元の志望校に合格はできません。ですので、自分の実力に自信を持ち、その上で、合格のために努力することが必要です。

中山敏裕

〔なかやま　としひろ〕

○科　類：理科三類
○出身校：私立慶應義塾高校
○現役・浪人：現役
○センター試験得点：832点／900点

○得意科目：英語、数学、物理、化学
○不得意科目：なし
○親の職業：医師

【合格年（2014年）】
前期：東京大学・理科三類　○
後期：東京大学　出願

◆通っていた塾又は予備校
・小学校：SAPIX
・中学校：鉄緑会
・高　校：鉄緑会

◆駿台予備学校の「東大実戦」
○2013年
・8月：A
・11月：A

◆河合塾の「東大OPEN」
○2013年
・8月：A
・11月：A

◆高校3年時の自主学習の時間
○受験時の夏休みまで（7月まで）：約3時間
○夏休み（8月）：約4時間
○夏休み後（9月～12月上旬）：約3時間
○冬休み（12月下旬）：約3時間
○直前期（1月～2月）：約4時間

●受験期に普段から体調管理として気をつけていたことは何でしたか？

まず質問の趣旨からは少しずれますが、受験勉強、特に直前期における体調管理の重要性について強調したいです。直前期は、相当な勉強時間を確保でき、他の受験生も追いかけて、または引き離してきますし、現役生のこの時期の伸びは尋常ではないので、風邪などによる勉強時間の減少、精神面への影響は大きな打撃となります。一方、この時期は冷え込むとともに、風邪などが流行りやすく、体調を崩しやすい時期でもあります。以上の点から、直前期において体調管理は非常に重要となるのです。以上を踏まえて、（私の）対策を記します。

当たり前ですが、「手洗い」と「うがい」は徹底しました。また、加湿も十分に行い、空気清浄機も稼働させていました。これらに加え、不要な外出は避け、外出時は必ずマスクをしました。最後に、市販の抗菌グッズ類についてですが、効果を過信せず、手洗いやうがいを徹底しました。

○勉強はどのような場所で行っていましたか？

○学校がある時

学校の後に塾がある日は塾の教室で勉強し、（学校が）ない日は別の塾の自習室を利用していました。これには、自習室がちょうど通学ルート沿いにあったことも関係しているのですが、学校の後はそれなりに疲れているので、自宅だとゆっくりしてしまいがちで、自習室で周りの（生徒の）勉強する姿を見て〝自分に活を入れたい〟という点が大きかったです。

○夏休み

塾の自習室を利用しようと考えていましたが、行き帰りにかかる時間と、行くことにおいて得る利益とを天秤にかけた結果、自宅で学習することにしました。

○直前期

夏休みと同様の点、及び直前期特有の、それ以前に増してモチベーションが高まっているという点、自習室に行く際に風邪を引くこともあり得るという点から、自宅で学習していました。

●模試の復習をどのように行っていましたか?

東大模試以外は受験しなかったので、東大模試について述べます。すべての問題の質はよいとは思いませんが、東大受験生の多くが受験する、いわば「東大受験生御用達の問題セット」ですので、復習は綿密に行いました。

手順を以下に述べます。まずは自分の点数が上がるかもしれないので、真剣に採点の粗探しを行います。意外とあります。この過程で採点基準を熟読することになります。次に、復習します。その際、数学や理科(理系の場合)などで拾えるネタ(解法、知識など)があれば、もれなく回収する(本番で出題された時、圧倒的に不利になるので)。復習は、正解した問題に時間をかけすぎるのも考えもの。ある程度強弱をつけます。配点や採点基準もついているのですから、問題そのものの復習とともに、時間配分（点数の対時間効率）、「あと何を書けばアイツに勝てたか」なども考えます。

○東大模試の得点や判定について、あなたはどのように考えますか？

少し回りくどいですが、試験の問題のことから話を始めたいと思います。まず問題の質は、良い時と悪い時の差がかなりあるように思われます。年度ごとに様々な先生方が作っているであろう本番の問題と違い、模試はどうしても出題者が固定されてしまうか、予備校ごとにかなり決まった出題傾向があるように思われます。また、採点はあまりよくありません。僕の場合も、見落とし（採点されていない問題があること）があったり、訂正印が何個も押され答案が汚くなっていることがありました。

そういう意味で、他人との1・2点の差に固執する意味はあまりありません。ただ、条件はみんな一緒で、実際にトップ合格するような人たちは、模試でもトップ層なので、受験者数の多さから見ても判定には一定の信頼性があるように思われます。

●予備校に通うメリットは何でしたか？

まずは受験生ごとに目標や現状は様々ですので、自分で考えることは必要ですが、「何を勉強すればよいか」ということについて、ある程度教材という形で明確なものが与えられる、という点が挙げられます。

それに加えて、信頼できる先生を見つけられれば、様々な相談に乗ってもらえるという点。受験勉強のなかでは、思いもよらぬ悩みに直面することもあり得る。そんな時に相談する人が複数いると安心です。

そして最後に、これが最も重要だと思いますが、「同じ目標に向かって切磋琢磨する貴重な友人を得られる」という点。僕の場合、学校では大学受験をする人が、僕を含めて2、3人しかおらず、その人もクラスが違ったので、塾で得られる交友関係は、勉強面においてだけでも非常に貴重でした。

○「予備校に通って勉強したほうがよい」と思う教科は何ですか？

まず、記述式の答案は、誰か信頼できる先生に見てもらうことが不可欠だと思います。自分でやるのでは、どうしても見落としをしてしまう部分がありますし、英作文などは完璧だと思うものを答案にしていて、細かいミス以外、自分では添削のしようがありません。

そこで、「では、誰に見てもらうか」ということになります。高校の先生などが頼りになるようでしたらそれでもいいですし、「それはちょっと」という場合は、予備校に通うのがいいでしょう。

ということで、予備校に通った方がよい教材は、「記述式の分量が多い教科、記述に苦手意識のある教科がメイン」ということになります。「具体的にどの教科か」ということに関しては人それぞれということになりますが、現代文と数学については、東大のように記述式の問題のみを出願する大学に出願するなら、予備校に通う方がよいのではないかと思います。

三土修一朗〈みつち　しゅういちろう〉

○科　類：理科三類
○出身校：私立開成高校
○現役・浪人：現役
○センター試験得点：814点／900点

○得意科目：数学、理科
○不得意科目：英語、英語
○親の職業：報道機関勤務

【合格年（2014年）】
前期：東京大学・理科三類　○
後期：東京大学・全科類　出願
私大1：慶應義塾大学・医学部　○

◆通っていた塾又は予備校
・小学校：SAPIX
・中学校：なし
・高　校：鉄緑会

◆駿台予備学校の「東大実戦」
○2013年
・8月：A
・11月：A

◆河合塾の「東大OPEN」
○2013年
・8月：B
・11月：B

◆東進ハイスクールの「東大本番レベル模試」
○2013年
・6月：201点
・9月：301点

◆高校3年時の自主学習の時間
○受験時の夏休みまで（7月まで）：約4時間
○夏休み（8月）：約8時間
○夏休み後（9月～12月上旬）：約7時間
○冬休み（12月下旬）：約10時間
○直前期（1月～2月）：約8時間

●得意な教科の勉強方法はどういったものでしたか？

高2くらいから本格的に、ひたすら問題演習を続けていました。解答は、自分が解き切って自分なりに答えを出すまでは何があっても見ないようにしていました（特に数学）。塾での演習で発想が出なかったり、単純なミスをしてしまったりした部分は悔しくて次は出来るように、と思っていたら、自然とそれらが記憶に残っていきました。ですので、特別ノートなどは作りませんでした。

○不得意な教科の勉強方法はどういったものでしたか？

語学系の科目が苦手だったため、勉強は復習中心でした。本番では、得点を取るというよりは、失敗を絶対しないようにという意識でした。ＬＳと英作文できっちり点を確保し、崩れないようにしていました。自分は語彙が弱かったので、演習、また演習で知識をつけていました。長文は衰えない程度にコンスタントに読んでいました。

●集中力が低下した時に、集中力を回復させる方法は何かありましたか？

勉強に自分なりの採点をつけていました。ずっと何時間も集中し続けるというのは、負担が大きく、かえって効率も落ちかねないので、（本番）当日を意識した演習は（家での）自分の部屋にこもって時間を正確に測りながら、本番という意識でやっていました。

一方、それ以外の軽く問題を解くというような時は、音楽を聴きながらなど、リラックスしてやりました。

○受験期に普段から体調管理として気をつけていたことは何でしたか？

センター前からのおよそ2ヵ月間は、絶対に体調を崩したくなかった上に、なるべく早起きの習慣をつけたかったため、それまで夜型だった生活リズムを少しずつ矯正していきました。それだけでなく、一日一包、粉末状のプロポリスを飲んで、免疫力を高めていきました。効きます。

三輪哲史〈みわ　さとし〉

○科　類：理科三類
○出身校：国立筑波大学附属駒場高校
○現役・浪人：現役
○センター試験得点：863点／900点

○得意科目：数学、物理、化学
○不得意科目：英語
○親の職業：大学教授

【合格年（2014年）】

前　期：東京大学・理科三類　○
後　期：東京大学・全科類　出願

◆通っていた塾又は予備校
・小学校：SAPIX
・中学校：SEG、鉄緑会
・高　校：鉄緑会

◆駿台予備学校の「東大実戦」
○2013年
・8月：A
・11月：A

◆河合塾の「東大OPEN」
○2013年
・8月：A
・11月：B

◆高校3年時の自主学習の時間
○受験時の夏休みまで（7月まで）
：約3時間
○夏休み（8月）
：約12時間
○夏休み後（9月～12月上旬）
：約3時間
○冬休み（12月下旬）
：約12時間

○直前期（1月～2月）
：約12時間

●どうして、東大を受験しようと思ったのですか？

小学生の頃から理系の研究職に憧れていました。具体的にどのような研究がしたいのかはなかなか決められなかったのですが、高校生の時、医学の研究に携わる方からお話を伺ったことがきっかけで、研究医を志すようになりました。研究費や設備、それから教授のレベルなど、研究の環境を考えれば、東大か京大しかありえないと思い、そのうち自宅から通える東大を受験することに決めました。

東大のＭＤ育成プログラムについて知ったことも、志望動機の一つです。模試での手応えなどから、高い確率で合格できると感じていたので、学力面での躊躇は特にありませんでした。なお、裕福な家庭ではないので、親に負担をかけないよう、学費の高い私立大学は受験しませんでした。

○勉強はどのような場所で行っていましたか？

自宅のすぐ近くに母の実家があり、1月以降はそこの空き部屋を勉強部屋として使っていました。理由はたくさんありますが、主なものを挙げると、音読をしていても誰にも文句を言われないこと、集中力を途切らせる要因となるものが存在しなかったこと、電車に乗って風邪を拾ってくる心配がないこと、過去問などの重い荷物をいちいち運ぶ必要がないこと。それから冷めたお弁当ではなく、作りたてのご飯が食べられることなどでしょうか。

予備校の自習室は一切使いませんでした。それは、自習室を貸して合格実績の数字を伸ばそうとする、予備校の詐欺まがいで汚い商売に強い反感を抱いており、自分の合格を活用されたくないと考えたためです。

●大学受験において、コンピューターのソフトを使って勉強したことはありましたか？

センター試験の倫理・政経の対策として、Excelを用いました。具体的には、出題されやすい本の名前、その著者・キーワードをセットにして入力し、プリントして、電車内などで確認しました。

年代別に並べてしまうと、前後の関係で答えを覚えてしまうため、印刷のたびにリストの順番がランダムにプリントできることはメリットでしたが、過去問を解くなかで新たに登場したものを書き留めるために、いちいちＰＣを起動するのは面倒だったので、プリントされたものに手書きで書き込むことが多く、メリットを活かしきれませんでした。なお、この方法はその他の暗記にも活用しました。

○東大模試の解答・解説は読んでいましたか？

大学に合格するために重要なことは、「誰も解けない問題を解けることではなく、誰もが解ける問題を確実に解けることである」などということは言うまでもないことです。当然、多くの受験生の知っている内容は、知っていなければなりません。東大模試は多くの受験生が受けているもので、その大半は解答・解説は目を通しているはずです。ですから、模試の解答に載っている知識のなかに知らないものがあった場合、それを読まなければ他の受験生との間に明確な差が生じてしまうことになります。

「確実に合格する」という自信を持っている人ならば、好きなことだけをしていればよいでしょう。そうでない場合に、進んで遅れを取ろうとする考えは、自分には理解できません。

●予備校に通うことの利点はどういったところにありますか?

まず一つ目は、まだ受験が遠く、あまり意識していない段階において、生徒の学力を高めてくれる点です。自分の場合、受験する科類を決め、目標を定めて学習し始めたのは高3の夏になってからでした。その際、学力面では、どの科類も目指せる状況だったので、将来何がしたいかだけをじっくりと考えることができました。

二つ目は、目標を定めた後、良質な問題を提供してくれること、経験を基にアドバイスをしてくれること、あとは自分で学習を進めていけばいいのですが、環境が良ければ、より効果的に学習できます。

なお、以上の内容は鉄緑会に限定されるかも知れません。

○受験期に、受験を意識して食していた食べ物はありますか？

受験期からの習慣ではありませんが、中学の頃から毎日ヨーグルトを食べるようにしていました。それに加えて、受験直前の1月からは明治ヨーグルトR－1のドリンクタイプ、佐藤製薬のＢＩＯＮ3、武田薬品工業のアリナミンＥＸプラスを飲んでいました。ヨーグルトとＢＩＯＮ3は、免疫力を高めてインフルエンザや風邪などにかからないように、アリナミンは長時間の勉強による目の疲れを解消するために飲んでいました。

コントロール実験を行っていないため、効果のほどについては何も言えませんが、〝しっかりと対策しているから大丈夫〟だという思い込みによるプラシーボ効果はあったはずです。いずれせよ、風邪をひくことなく受験に臨むことができました。

村岡 賢

〔むらおか　すぐる〕

○科　類：理科三類
○出身校：国立筑波大学附属高校
○現役・浪人：現役
○センター試験得点：838点／900点

○得意科目：英語
○不得意科目：数学
○親の職業：ファンドマネージャー

【合格年（2014年）】
前期：東京大学・理科三類　○
私大1：慶應義塾大学・医学部　○

◆通っていた塾又は予備校
・小学校：個人塾
・中学校：鵜澤塾、鉄緑会
・高　校：鵜澤塾、鉄緑会

◆駿台予備学校の「東大実戦」
○2013年
・8月：E
・11月：D

◆河合塾の「東大OPEN」
○2013年
・8月：D
・11月：D

◆代々木ゼミナールの「東大プレ」
○2013年
・12月：D

◆東進ハイスクールの「東大本番レベル模試」（二次のみ）
○2013年
・6月：220点
・9月：239点

○2014年
・1月：226点

◆高校3年時の自主学習の時間
○受験時の夏休みまで（7月まで）：約3時間
○夏休み（8月）：約13時間
○夏休み後（9月～12月上旬）：約10時間
○冬休み（12月下旬）：約13時間
○直前期（1月～2月）：約10時間

●勉強は好きですか？　それとも嫌いですか？

勉強は好きでした。その最大の理由は、努力が最も反映されやすいからです。スポーツ等は、僕も野球をやっていたのですが、生まれつきの体格が大きくものを言いますが、勉強は環境があれば（その環境にも感謝すべきなのですが）誰でもできて、繰り返し練習することで、どんどんできるようになります。成長する自分が楽しかったです。

また勉強、学問としてそもそも興味を惹かれました。理科は現象を文字・数式で処理したり、古典では古人の教えを文法にしたがって読解する、そういったことが楽しかったです。

○不得意な教科の勉強方法はどういったものでしたか？

僕の不得意な科目は数学でした。数学は発想力に頼る部分が大きく練習しても（僕の練習不足が原因であったかもしれませんが）、なかなか難問に手を出すことさえできませんでした。

そこで簡単に言えば、難問を捨てました。その代わりに東大合格者50％が高得点を出せるような問題を重点的にやりました。特に、論述を厳しく見る東大では、答えを出せば大きく点をもらえる面積・体積・最大・最小問題（できるならば、確率∈考え方が難しい）を確実に答えを出すのが重要だと思いました。

●勉強に欠かせない道具は何かありましたか？

僕が勉強する時につねに携帯していた道具はタイマーです。長時間、勉強をしていると、どうしても途中からダラけてしまいます。国語で何度も読み直したり、数学で何度も同じ思考を辿ったりもしています。

また、勉強に集中していると、どのくらい勉強をしたかわからなくなって、各教科のバランスが取りにくくなってしまいます。こんな時にタイマーがあると、常に「あと何分」というよい緊張感のなかで解くことができ、またどのくらいいま問題を解いているのかわかります（時間配分にも役立つ）。僕は一つの問題ごとに時間を決めてやっていました。

○1日のスケジュールは立てていましたか？

僕は寝る前に次の日の予定を30分刻みで立てていました。また、科目のなかでの範囲、どのテキストをやるかも、すべて書いておきました。そして多くの場合、スケジュールをタイトに立て過ぎて達成することはできませんでした。しかし、細かくやることを書き込んでいたのは、やろうと決心したものは、次の日になって忘れて弱点を克服できないので放置してしまう、という最悪の事態は防げましたし、スケジュールをタイトに組んだことで、つねにまだこんなにやることが残っている、というよい緊張感を持って勉強に取り組むことができました。

●受験期の友人関係はどういったものでしたか?

受験期の友人は、元々仲がよくつねに一緒に行動していたクラスメイトです。彼は結局落ちてしまったのですが、受験勉強はかなり頑張っていたようです(少なくとも僕から見たら)。彼は元々あまり勉強していなかったので、僕は彼がどんどん力をつけてくるのを感じ、かなり焦りました。そして、彼に負けないくらい勉強しました。特にセンターは同じテスト(彼は東大志望ではない)なので、過去問の点を比べ合ったりして、負けたものがあると、かなりショックでした。よいモチベーションを保つきっかけでした。いまは、彼のサポートをしています。いままで通りの仲です。

八木優子〔やぎ　ゆうこ〕

○科　類：理科三類
○出身校：私立桜蔭高校
○現役・浪人：現役
○センター試験得点：825点／900点

○得意科目：数学、物理
○不得意科目：なし

【合格年（2014年）】
前期：東京大学・理科三類　○
後期：東京大学・全科類　出願
私大1：早稲田大学・政治経済学部（センター利用）○

◆通っていた塾又は予備校
・小学校：SAPIX
・中学校：鉄緑会、Gnoble
・高　校：鉄緑会

◆河合塾の「東大OPEN」
○2013年
・8月：A
・11月：B

◆高校3年時の自主学習の時間
○受験時の夏休みまで（7月まで）：約5時間
○夏休み（8月）：約11時間
○夏休み後（9月～12月上旬）：約3時間
○冬休み（12月下旬）：約3時間
○直前期（1月～2月）：約3時間

●勉強は好きですか？　それとも嫌いですか？

勉強は好きです。小さい頃から、スポーツや芸術ではなく、学業が自分の本領を発揮できる分野で、負けず嫌いな私にとっては、友達に勝ったり、以前の自分に勝てるということがとても嬉しかったです。楽しんで勉強しているうちに、勉強の面白さがわかるようになって、ますます勉強することが好きになりました。勉強が楽しい→勉強する→よい成績を取れる→嬉しい→もっと勉強する、というよい循環。

○得意な教科の勉強方法はどういったものでしたか？

私の得意科目は数学と物理です。

数学は小さい頃から公文を習っていたお蔭で、計算が速く、問題のベストな解法を思いつけなくても、計算力でゴリ押ししたりしていました。高1までにある程度基礎を固め、高3になって改心してベストな解法を探す糧に、自分がギリギリ解けるかどうかくらいの難易度の問題を気が向いた時にまとめて解いていました。

物理は高2と高3の初めに基礎を固め、高3に基本的な問題を繰り返し解きました。

●勉強をする上で、工夫していた点はありましたか？

睡眠時間をしっかり取り、日中眠くならないようにする。〝集中できてないな〟と感じたら諦めて、休むか遊ぶ。得意科目ばかり勉強してしまわないように、苦手科目から勉強する。体調が優れない時は、センター地理の解説書を読んだり、英単語を見たり、机に座る必要のない勉強をする。

とにかく、だらだらと勉強してしまうことのないように気をつけていました。

○授業のノートはどのように取っていましたか？

まず授業の初回で先生の板書がうまくまとまっているかどうかを判断します。「うまくまとまっている→そのまま映す」「うまくまとまっていない→自分でどこが大事なのかを参考書や教科書を見て重要そうなところは色ペンで書く」というようにしていました。

個人的に汚いノートを見るとやる気がなくなるので、なるべくきれいにノートを取ろうと心がけていました。色は赤、青、ピンク or オレンジ（暗記用）で十分だと思います。

●東大模試の得点や判定について、あなたはどのように考えていますか？

○東大模試の判定→全く気にする必要なし。

ギリギリのB判定（A判に近い方）を取って、とても焦りましたが、B判でも受かるしA判でも落ちる。

○東大模試の得点→国語は全く気にしなくてよい。

他はある程度、どの教科が弱いのかなどといったことの参考にはなるが、全体的に難しめなので、気にしすぎるくらいなら受けない方がよい。

負けず嫌いな人なら、順位表などを気にしてしまうと思いますが、気にしていても百害あって一利なしです。

○「予備校に通って勉強した方が良いと思う教科」は何ですか？

○数学

自分一人で解いていると、解法も似たようなものになりがちですが、様々な解法を知った先生に教えてもらうことで、少しずつ視野も広がっていきます。

○理科

参考書には書いていないような、現実と絡めた話（ディズニーのアトラクションのトリックなど）をしてもらうと、その教科に対する興味も広がりますし、楽しく勉強できて、かつ忘れにくいからです。

■先輩からのメッセージ■

東京大学教養学部2年（理科一類）
鈴木俊太（すずき　しゅんた）

●東大に入って感じたこと

東大に入学してまず感じたのは、東大生は意外に多彩だなということです。私は進学校の出身ではありません。ですので、身近に東大生や東大を目指す人がおらず、実際に東大生がどんな感じなのか全くわかりませんでした。入学前は、大体世間一般の人が持っているような印象を持っていました。わりと勉強好きでおとなしい人が多いといった印象ですね。まあ、全員がそうでないにしても、大体の人はそんな感じかなと思っていました。やはり、東大は東大らしいと言っては何ですが、私が今まで過ごしてきたような普通の人たちの集まりとはちょっと違った雰囲気。そんな印象を持っていました。

実際は全然そんなことはありませんでした。みんな勉強ばかりでなく、遊んだり、買い物に出かけたりと勉強以外のことにも多くの時間を割いており、本当に普通の大学といった感じです。東大だから他とは特別違う、といった雰囲気ではありません。

でも、そんななかにも東大生らしさがあって、それはよくイメージされるようなガリ勉的なものではなくて、学生の興味の対象となる分野が広いんです。東大では、ほとんどの人がそれぞれ何かしらに打ち込んでいたり、何かに大きな興味を抱いていたりしているような印象を受けます。何かしらに打ち込んでいる人がいるのは他の大学でも同じかもしれませんが、東大の場合は、みんな頭がいいだけあって、ある学問の分野に大きな興味を示す人も多くいます。勉強以外のことに関しても、東大には本当にいろいろなサークルがあり、活動の幅が広いんです。レゴ部とか褌部とか探せば面白かったり珍しかったりするサークルや部がいろいろあると思います。

もう一つ、私が東大生らしいと感じる一面は要領のよさです。この点は本当に東大の一つの特徴だと思います。いい意味でも悪い意味でも、みんな要領がいいんです。でも多くの場合はズルをしているとかではなくて、今まで培ってきた豊かな才能を活かしつつ、「どうやったら最小限の労力で目標に達することができるのか」といったことを考えた結果なんだと思います。でもいつでも要領よく切り抜けているわけではありません、時には泥臭く取り組む一面もあります。ある授業では要領よくやっていたのに、他の授業では一生懸命といった人もよく見ます。

東大生は頭のいい人が多いのですが、みんなそれぞれ得意な分野が違います。少なくとも一人一つは自分の得意な分野を持っているのですが、数学が得意な人、英語が得意な人、生物が得意な人、化石などに詳しい人、などいろいろな人がいます。そんなところも東大の多彩な面かなと思います。

こういったところは他ではあまり見られない、東大特有の多彩さであると思います。多くの人が東大に抱くイメージはガリ勉タイプの学生といった感じだと思いますが、東大の中から見ると、その多彩さに驚かされますし、東大の魅力の一つだと思います。

●東大の教育

東大における教育の最大の特徴は、1・2年は全員教養学部に所属して授業を受ける点にあると思います。文理、科類によって異なる必修科目はあるのですが、それでも多くの科目を様々な分野の様々な授業の中から選んで取ることができます。これは賛否両論あるところだと思いますが、それでも様々な分野の学問に触れることができるという点は、よいところなのではないかと思います。

1・2年のうちは、履修上の少しの縛りと時間的な制約があるものの、基本的には自分の取りたい授業を自由に取ることができます。開講している科目も多岐にわたり、数学や有機化学といったスタンダードな科目もありますし、初めて聞くような科目もあります。他にも最先端の研究に触れることのできる授業や、数日間の実習で単位が来る授業もあったりとシラバスは見ていて飽きません。しかも、実際に授業をしてくれるのは東大の先生方です。なかには世界的にも、その分野のトップを走っている方も多くいます。そんななかで自分の興味のある分野を見つけることができたり、逆に全く興味のわかない分野がわかったり、全く新しい考え方、知識を身につけることができたりと、得られるものは大変多いのです。

学期の初めに、自分の興味のある様々な分野の授業のうちどれを取ろうかと考えているときは、やっぱり東大に入ってよかったなと思いましたね。

●進振り

東大には「進振り」という制度があります。1・2年のうちは教養学部に所属し駒場キャンパスで授業を受け、3年に上がるときに理学部、工学部などの学部に分かれる制度です。自分の行きたい学部に入るためには、例えば50人の定員の学部・学科ならば、成績がその学部・学科への進学を希望する学生のうち上位50人のうちに入っていなければなりません。実際にはいろいろと細かいシステムがあってもう少し複雑なのですが、大体はこんな感じで振り分けられます。当然、人気のある学部・学科に行くためにはよい成績が必要になります。ここでいう成績というのは、普段の授業の成績を100点満点で評価した点数を平均したものです。これについてもいろいろと細かいルールがあって複雑なのですが、大体はこんな感じです。

ですから、みんな当然高い点数がほしいと思いますし、実際点数を高くつけてくれる先生の授業には多くの学生が集まります。校内で『逆評定』という冊子が売られていてそれにどの授業が点数を取りやすいかとか、単位が取りやすいかとか書いてあるんです。それを見て点数の取りやすい先生の授業に学生が集まることもあります。これには非難めいた意見もあるようですが、実際自分の興味のある授業とうまく調整を図りつつ点数の取りやすい授業も何個か入れているといったように、すべての選択の授業を楽に点数が取れる授業で埋めている人はそんなにいませんし、自分に厳しく授業を取って、結局自分の行きたい学部・学科に行けなくなるのも考え物ですから仕方のない感じがします。

こんな風に、東大の授業選びはいろいろなことを考えながらやらなきゃいけないので意外に大変です。「ここの時間が空いているからこの授業を入れたいけど、担当の先生がかなり厳しいらしいからなぁ」とか、「この授業は点数が取りやすいみたいだけど、イマイチ興味がないなぁ」とかシラバスと逆評定を見ながら考えて選んでいます。気が付けば何時間も経っていたなんてこともありました。でもそういったことを考えながら授業を選ぶのって意外に楽しいものです。

●東大に入ってからの生活

東大に入ってからの生活は人それぞれで、この点に関してはどの大学でも同じだと思いますが、東大の場合は履修の関係上、若干他の多くの大学と生活のリズムが違うような感じがします。私は理系ですので、理系の1・2年の学生の生活を簡単に紹介してみます。

まず、1年生のうちは大学の授業がちょっと忙しいです。前期も後期もみんなだいたい週に16～18コマくらいの授業があります。週に一日は1限から5限まで授業のある日もあったりしますが、授業は5限まであっても基本的に6時までなので、そのあとはフリーです。みんな部活やサークルをやったり、バイトにいそしんだり、学園祭が近い時期にはその準備をしたりします。1年生のうちはやや忙しいですが、倒れるくらい忙しいというわけでもなく、充実した日々を過ごす人が多いですね。私も1年生の時はそこそこ授業も取っていましたし、授業の後もバイトなどいろいろやっていましたが、充実してるなと感じましたね。様々な分野の授業を取っていて幅広い勉強ができていたというのもありましたし、バイトや友達と遊んだりといった予定も多く入れていたからでしょう。

2年の前期になるとやや余裕が出てきて、人にもよりますが、取る授業の数がだいぶ少なくなります。私も今かなり自由な時間があります。1年生の時のように忙しくて充実しているというわけではありませんが、自分の好きなこと、やりたいことができる時間がだいぶ取れていますし、こういったのんびりとした生活もいいな、とゆったりとした生活を満喫しています。

進振りで学部が決まるまでの間の東大での生活は、忙しいときもありますが、十分に自分の挑戦したいこと、やりたいことができます。東大だからといって勉強で忙しいというわけではありませんん。そんななかで自分が将来やりたいこと、興味のある分野を捜すこともできますし、サークルや部活やバイトなど、自分のやりたいことを存分にすることもできます。東大に入ったからには自分のやりたいことに全力で取り組みましょう。

●東大の授業

他大の人に「東大です」と言うと、たまに東大の授業について聞かれます。他の大学の授業に出たことがないので、比較して説明することはできないのですが、専門に分かれる前の駒場キャンパスでの選択の授業はいろいろと種類があってシラバスを見るのもなかなかおもしろいですし、授業自体もおもしろいものが多いです。ある分野について広い範囲を簡単に説明する授業もありますし、ある分野についてその一部を詳しく扱う授業もあります。他にも毎回違う先生が自分の研究について、紹介してくれる授業もあります。授業の中には、淡々と進みすぎてあまり東大らしさを感じない授業もありますし、東大らしく、先生が自分の行っている最先端の研究を紹介してくれる授業もあります。いかにも東大らしい難しい授業もありますし、おもしろい授業もあります。駒場では本当にいろいろな授業を受けることができるのです。こんなところも1・2年のうちの駒場キャンパスでの授業の魅力だと思います。

そんな中で特に東大らしい授業を選べと言われたら、私としては「ALESS（アレス）／ALESA（アレサ）」かなと思います。これは1年生が受ける必修の授業の一つで理系の受けるのがALESS、文系がALESAです。これらは、Active Learning of English for Science StudentsとActive Learning of English for Students of the Artの略です。この授業は英語で行われ、先生もほとんどが外国人です。具体的には、英語で論文を書いて英語でプレゼンをします。もちろん論文といっても1年生ですから、そんなに難しいテーマについて書くわけではありません。理系の場合は家でもできるような実験をして論文を書きます。しかし、その論文は本格的な形式で、つまり世界中の学者達が書いているのと同じ形式で書きます。この授業はなかなか大変で自分でテーマを考えたり、行う実験に似たテーマについて扱った本格的な論文（これも英語で書いてあります）を検索して読んだりしなければなりません。でも授業が全部終わってみると、英語で論文を書く方法が一通りわかるようになっているんです。大学に入学したばかりの1年生に自分で実験のテーマを決めさせて、自分で実験をさせて、英語で論文を書かせるというのは、なかなかアカデミックで東大らしい授業なのかなと思います。

ちなみに僕が一番苦労したのは最初の実験テーマを決めるところでした。先輩方が過去に書いた論文を見ていると、『ほうほうこんな実験があるのか』と半ば上から目線（？）でいろいろと考えることができるのですが、自分のテーマを考える段階になるとまるで駄目で、いいアイデアが全く浮かびません。日常生活の中でもいろいろ探してみたり、地元の友達にいいアイデアはないかと聞いてみたり迷走した挙句、ようやく決めたのですが、今でも、もうちょっといいアイデアがあったんじゃないかと考えてしまいます。東大に受かったら、ALESS、ALESAでどんなテーマを扱おうかと考えてみるのも楽しいかもしれません。

●東大に入ってよかった点

普通に生活しているなかで、特別東大生でよかったと思う場面は普段はそんなにありませんね。東大生だからって特に特別なことがあるわけではありません。「東大なんだ、すごいね」って言われるくらいです。でもよくよく考えてみると、頭がよくて個性もある人たちの中で生活ができて、そういった人たちと一緒に勉強できるという点に関しては東大生でよかったなと思います。私が進学校の出身ではないので感じることかもしれませんが、何気ない会話の端々にちょっとした知性が感じられる。そんな雰囲気がいいな、と感じます。

あと、もう一つには進路選択の柔軟性かなと思います。すでにみなさんご存知のように、東大には進振りという制度があるために、自分の行きたい学部を最終的に決めるのは、2年の夏でいいのです。学部で専門的な勉強を始めるのは3年生からになります（本当は2年の後期から専門課程の勉強が始まるのですが、一応2年までは教養学部です）。

ですから、他の大学のように、受験時に学部、学科等を決めなくてよいのです。一応受験時には理科一類、二類とかの区別がありますが、医学部のような特殊な学部を除けば、成績がよい限り自分の行きたい学部はどこにだって行くことができます。もちろん理系ではいって文系の学部に行くこともできますし、ちょっと大変ですが、文系で入って理系の学部に進むこともできます。本当に成績がよければ理科三類以外からも医学部に行くことだってできます。

ですから、東大に入りさえすれば、1年とちょっとの間、いろいろな授業を受けたり、勉強をしてみて、じっくりと自分の行きたい学部、学科を選ぶことができるのです。高校生のイメージする学問と実際に大学で行われている学問は意外に大きな差があることも多いですし、なかには高校生の知らないような分野さえあると思います。そういった学問を授業を通して少し体験して、実際の内容や雰囲気を知ってから自分の進路を決められるという点では、いい制度であり、東大のよさなのかなと思います。特に、進路が定まっていなかったり、やりたいことが漠然としているような人にとってはいいのではないでしょうか。

メッセージなきメッセージ

東京大学教養学部2年（理科一類）
松本 淳（まつもと あつし）

●変わりゆく「イカ東」

イカ東という言葉がある。「いかにも東大生らしい」の略であるが、現代のイカ東を描くのだとしたら、『イカ東』と思われることを避けたがる」という奇妙な特徴を挙げずにはいられない。言い換えよう。典型的な東大生は、自分が「東大生らしい」雰囲気の持ち主と思われることを嫌う傾向があるのだ。

現代の東大生はそれなりにファッションを気にするし、サークルなどにも没頭する。そして口癖のように、必修授業はつらいとこぼしたがる。もしも読者が東大生に対して「エリート」的なイメージを求めるのだとしたら、それはもう叶わない話、と言ってもよい（昔の一高も聞くところではそんなに「エリート」的だったわけでもないらしいので、ことによると東大生への「エリート」的イメージなんてものは、最初から幻想だったのかもしれない）。

現代の東大生は、能力相応の大望を抱いているかというと、そうではないことも多い。そんなことよりも、自分自身の置かれた現状の処理に追われがちなところがある（これは何も東大生に限ったことではなく、現代日本の若者にはある程度一般的な気もするが）。サークル・バイト・レポート・コンパ・免許取得・文化祭といった、どこの学生でも時間を費やしていることに加え、東大独自のもので、その能力を費やさなければならないこともあるため、どうしても自分とその周囲の人間関係のことで手いっぱいになりがちなのだ。

●東大独自と結果重視

東大独自の、と書いたが、その紹介もしておくべきだろう。学生が時間を割く東大ならではのものと言えば、試験対策プリント（シケプリ）の作成と、進学振り分け（進振り）対策が挙げられる。

東大では、試験対策として、教員の出題した過去問や、学生が独自に作成・配布した試験対策プリントがしばしば使われている。それらは学生が付け焼き刃の試験対策をすることにつながり、本来の能力向上につながらないだけでなく、著作権侵害にもなりうる、として、大学側はこれに対して批判的である。が、現代東大生は、大部分が塾・予備校のノウハウ主義的な試験対策で入試を乗り切ったような人たちであるから、恐らく当の東大生にしてみればシケプリなどは所詮その延長線上程度の認識であるように思う。付け焼き刃であれ何であれ、結果を出せさえすればそれでいい。そんな人たちが多いのが東大の悲しい現実である。

だが、東大、特に前期教養生が結果重視に走るのはやむを得ない部分もある。先にも述べた進振りのためである。東大生は、前期の2年間は全員教養学部扱いであり、後期に希望の学部学科を決めて、そこに所属することになるのだが、この時希望は、前期の成績が高い人から優先的に通るような制度を採用しているからである。

東大の一つの特徴は、学生の志自体とはあまり関係なく、優れた才能が最初からあるような人を優遇する点である。これは今述べた進振りや入試の在り方にも出ている（東大が長く面接・推薦入試を行わなかったのはなぜか考えるとよい）が、東大の場合、後から伸びてくるような大器晩成型の人材にはあまり関心がなく、すでにある程度能力が高い人を集め、そういう人々をさらに伸ばすことに重点を置く傾向がある。

タフでグローバル、これが東大の求める東大生像である。それは東大が描く東大生像の完成形・理想形であると同時に、初めからある程度その資質があることを期待されている像である。が、理想は所詮現実の対義語であり、東大は多くの学生にとっては過度ともいえるスケジュールを求めてくる。例えば、文化祭で連休が潰れても、その翌日にはもう通常授業が始まり、休んでいる暇など与えられない。それで、少なくとも東大生の側は自分たちに求められていることを過度だと感じる傾向があるように思う。だから東大生は、必修科目がつらいとよくこぼすのである。

結果さえ出せればよいと考える人たちが、初めから結果を求められることには苦痛を覚えるというのだから、これまた皮肉な話である。

●画一vs多様

ここまで東大生一般について考えてきたが、そういった一般化がどこまで妥当かも考える必要があろう。

よく東大の学生は画一的であるといわれるが、実際はどうなのだろうか。確かに、学生の過半数が有名中高一貫出身、8割近くが男子、さらに関東出身者が半数近いといったデータを見ると、かなり均質な学生構成とも考えられる。が、PEAKやAIKOMコースの留学生も一定数在籍しており、また4月入学生の中にも海外から来た学生もいる。このような留学生の出身地は多様であり、そういった集団もある以上、画一的と言い切るのは危険である。問題は、東大生集団の多様性と言った時、多様なパートはマイノリティであり、集団全体にこのような多様性が行き渡っているわけではない、という点だろう。だから、自ら異質な集団との交流に関心を持たない限り、均質性の温室プールに浸かったまま、4年間をなれ合いのうちに過ごす危険があるのは否めない。

否、自分たちとは異なる集団との交流を考えたとしても、注意しないと均質性の渦にやはり呑まれてしまうだろう。自分たちの均質性に危機感を持つ集団自体がある程度均質化しており、異質性を求めていたはずが、いつしか「危機感」集団内の交流に堕してしまう危険があるからだ。

●案外「普通」な東大生

東大生も所詮は人間であり、人間の限界の範囲内の能力しか持つことはできない。しかし、その限界の範囲目いっぱいに才能が広がっているわけでもなく、東大生は案外普通である（だからなれ合いが成立する）。この事実は、多くの東大志望者にとっては希望になるだろう。「普通」に甘んじることが許され、「普通」から飛び出すことが東大生の必要条件ではないという事実は、学歴という肩書きが欲しいだけの凡庸な人材にとっては、嬉しいことであろう。だが、将来の日本、地球の人類全体を導く指導者の卵に期待を抱く者にとっては、それはまさに絶望になるだろう。意識が高い人たちが体制に飲み込まれていくうちに自分の保身に走る指導者に堕していくのですらなく、最初から自分とその周囲のことで手一杯の堕した人間が指導者をやることになる。そんな現状を描き出しているのだから。

だが、現状というのはつねに変わるものであり、変えられるものである。これは東大を目指す人には伝えておきたい。

現状でも、新入生は、4月中は非常に高い意識をもって大学生活を送ろうとする。所謂四月病である。問題は、この高い意識が一過性の躁状態であることが多いことだ。それ以前から高い意識を保ってきた人間ならいいが、そうでない人間はこの一過性の躁からやがて一転し、五月病の混沌に飲み込まれて堕していくことになる。

大学に入ったとしても、それだけで何かが変わるわけではない。新しさを大学に一方的に求めるのでは、いつか失望する。結局、学生は高校から上がってきた人たちなのだから、（たとえ1年くらい浪人していたとしても）大学に入っただけで精神的に高校生から成長するとは考えにくい。新しさは、与えられるのを待つだけでは得られない。自分から探しに行ったり、自分自身が新しさの発信源になったりする覚悟を持つことも重要である。

東大生を含めた今の若い世代には、自分たちが将来の人類を担うという自覚が薄い（今どきの若者は、と若者自身が言うのはどうも好かないが）。我々は、旧世紀の人類が先送りにしてきた問題をこれ以上先送りにして、将来世代に負担を押し付け、人類全体を潰すような真似はすべきではない。仮にも一国の最高峰とされる大学に入ろうとするなら、人類全体のことを考える意識もどこかで持つ必要がある。

その意味では、今の東大生は大多数が反面教師だ。しかもこれが私大の人間ほど遊びに走り切るわけでもないから、中途半端でたちが悪い。

人類もまた生物種の一つに過ぎず、その存続は無論、生物学的に見れば必然ではない。だから、人類が絶滅しようと知ったことか、とまで割り切れるほどに所謂悟り世代が「悟って」いるのだとしたら、あるいは人類全体のことなど考える必要はないのかもしれない。だが、その前に一つだけ言わねばならない。人類の一員である以上、己の生涯のうちに人類が絶滅すれば、それはその身をも巻き込むものだということだ。

多くの東大生は、結局自分自身、あるいはその周囲の友人などのことは考えている。故に、少なくとも彼らは、自分の世代において人類絶滅を受け入れられるほどには「悟って」はいない。そのくせ自分がいなくなった後ならどうでもいい、もしそう考えているのだとしたら、それはあまりにも自分勝手ではないか？　そういう態度を旧世紀に生きた上の世代が取ってきたから、今の世代は環境問題などの問題を旧世紀から持ち込むことになったのではないか？

●天才と秀才について

東大生の○○事情といった内容だったら、他の人が書いてくれるだろう。だから今回は、このように主にその精神性に注目して東大生を内部から眺めてみたが、まだ字数が足りない。

そこで、今度は天才と秀才の話をしてみようと思う。東大は仮にも国内最高峰の大学であるから、天才肌の人間もそれなりに集まる。

そのような天才の類は、画一的とされる東大の中では随分個性が強い人が多い。だから、刺激的な人間関係を求めるのなら、天才を見つけ出すのも一つの手だろう。

ただ、東大は基本的に秀才向けの大学であるように感じる。必修を中心に多くの科目で定期的な課題が出され、学生は努力家でなければ、努力家になるように仕向けられる。課題なしでもやっていける人にも一律でそのような負担がかかるため、天才肌の人間もその余力を自由に使う余地が削られる。特定分野に対する天才（gifted / talented）を評価し、天才向けの特別教育を早くから導入している外国や、努力は必要に応じて自分たちで勝手にするべきものという立場からか、学校が一律課題をほとんど出すことがなかった私の母校開成と比べると、少なくとも東大のカリキュラムはかなり秀才向けに組まれていると言わざるを得ない。だが秀才の方が天才よりも明らかに数が多い以上、それでも問題としてそのことは顕在化していないように思う。

天才・秀才の問題は、良き友を考えるにあたっても無視できない話である。

良き友とは何か。自分と似た者で、なれ合いの中で居心地のよさを提供してくれる者が良き友だと思う人には、東大はいい場所かもしれない。しかし、そのなれ合いの渦に呑まれぬ本物の傑物を探す場所としては、東大は必ずしもよい場所ではない。偏差値と傑物の登場率とには、確かに正の相関があるのかもしれないが、そもそも傑物・天才は絶対数が少ない。その意味では、傑物探しに適した場所など、東大も含めどこにもありはしない。

傑物を探したければ、それを見抜く力と、とにかく多くの人と接触する勇気を持つことが必要だ。だが、天才肌は天才肌で、興味・嗜好が偏っていることもしばしばあるから、いま述べた力があったとしても、天才肌の人間としか関わらない、というのも考え物である。その意味では、天才も秀才もいる東大の環境は、活かし方次第では確かになれ合い以上の良き友を得る場になりうるが、だがそれは容易ではないのも確かである。

●で、結局何が言いたいの？

模範解答がある問題が大好きで、それがない問題は好きになれない、という人は（東大受験生にはそういう人も多いものだが）、これまで私が書いたことを見て、結局何が言いたいのか、と突っ込みたくなるかもしれない。だが、私は特にこれといったメッセージを伝えたかったわけでもない。むしろ、ただ思うがままに書いてみて、あとは読者ご自身に考えてもらうことを念頭に置いて書いている。

（おそらくは東大受験生が多いのだろうが、東大に限らず）どこの大学に行くにしても、その先社会に出るにしても、一つだけ言えるのは、これからは答えのない問題と向き合わなければならなくなってくる、ということだからだ。大学に入ればレポート科目も増えてくる。そこには模範解答などない。身近な生活から人類全体の問題まで、世界の問題全体では、すでに模範回答がある問題の方が少ない。模範解答があるという盲信は、自分自身の解答が模範的かが判断がつかない状況では、決定的な自己不信をもたらすであろう。正しいかわからないだけでなく、正しく正しさを判断できるかすらわからないのだから、模範解答を前提にしていては、いつまでも停滞することになるだけだ。

だから、ここでは特別、特定のメッセージなど用意はしていない。適宜この文章から読み取り、あるいは自分でこの文章の内容を吟味して、それを通じて考えることだ。

それが、これからの東大生の姿につながるかもしれない。その可能性に期待しつつ、私は柄にもない先輩風を吹かしてきたこのキーを置こうと思う。

東京大学法学部3年
宮本康平（みやもと　こうへい）

「東大って実際どんなところなの」

東大法学部3年生の私が、東大がどういうところなのか3年間で感じたところを書いていきます。参考になれば幸いです。

●東大の雰囲気

東大というと「ガリ勉」「真面目」といったイメージが強いかもしれません。そのイメージは一方で正解であり、また一方で間違っています。

まず、正解の部分。それは「勉強ができる」ことです。さすがに東大、日本のどのコミュニティよりも勉強ができる人々が集まっています。知的に優れた人と会おうとするならば、これほど恵まれた環境はありません。

次に間違っている部分。それは「勉強しかできない」というイメージです。東大生だからといって勉強ばかりしているわけではありません。勉強以外にも自分のしたいことに打ち込んでいる人がほとんどです。東大生の特徴として、勉強以外のことにも全力で打ち込む傾向があります。東大生に会ったら「何か面白い事してる？」と聞いてみてください。とんでもなく面白いプロフィールを持っている人がごろごろいます。もちろん能力を活かして勉強に全力を尽くしている人もいます。

東大ではおおよそ、1・2年生の間は駒場キャンパス、3・4年の間は本郷キャンパスで過ごします。それぞれ雰囲気がだいぶ違うので、分けて書いていきます。

●東大駒場時代

東大に入学して、初めに全員が通学することになるのが駒場キャンパスです。駒場キャンパスは渋谷から二駅、歩いて20分ほどという好立地です。

長くつらい受験を終えて、やっと大学生活。当然みんな浮かれています。駒場キャンパスからは全体的に浮ついた雰囲気が漂っています。

必死になって勉強している人というのは少なく、どちらかというとサークルや部活に精を出しています。渋谷から近いということもあり、空き時間に渋谷に遊びに行く学生も多いようです。かくいう私もよく渋谷に足を運んでいました。地方出身の者としては、人の多い所が珍しかったのです。

入学してすぐは「どの科目が楽に単位を取れるか」などの情報が出回ります。できるだけ楽な授業を選択して効率的に単位を取ることで、自由な時間を確保していくのです。その自由な時間で遊ぶ人、サークル活動を頑張る人、旅行に行く人など、様々な人がいます。資格試験（例えば司法試験など）を目指している人は、このころから予備校に通いだす人もおり、できるだけ楽に単位を取って、あまった時間を資格の勉強にあてます。しかし3年生になった今振り返ると、〝興味がある面白そうな科目をしっかり勉強しておくべきだったなあ〟と反省することもあります。

以上を読んでいただければおわかりだと思いますが、駒場時代というのは他の大学生と東大生でそれほど変わるところはありません。強いて言うなら学生団体などの活動が活発で、社会で活躍されている先輩と交流する機会が多いくらいです。

「東大生は素晴らしく頭がよくて、勉強しかしていない」というイメージはあまり正確ではありません。

東大の特色として、「進振り制度」というのがあります。これについてはご存知の方も多いでしょう。東大では１・２年生全員が「教養学部」という学部に入り、その後３・４年生で専門に分かれていきます。専門の学部学科には一定の枠があり、そこへ志望者を募って点数順に志望者の中から進学者を決定していきます。例えば私の場合、「教養学部文科Ⅰ類」で「法学部志望」でしたので、枠は３６０人あります。もし志望者が３６０人を超えたら、駒場時代の点数の上位３６０人までの人しか法学部に進学できません。

進振り制度を使えば文Ⅰから医学部に行くことも可能なので、嬉しい制度ではあります（その場合、点数は90点以上必要なので非常に過酷です）。

逆にあまりにも勉強しないでいると志望先にいけないということもありうるので、少し厳しい制度でもあります。しかしまあ、よっぽど学校に行っていないなどでない限り志望先に落ちることはないのでご安心ください。

●東大本郷時代

進振りが終わり、3年生に進学すると本郷キャンパスに移ります（大半の学部は本郷に移りますが、駒場で専門を学ぶ学部もあります。私が法学部なので、以下法学部について述べていきます）。

駒場キャンパスと違い、本郷キャンパスには大人の雰囲気が漂っています。みんな落ち着いて見えますし、髪の色も黒色になっている人が多いです。キャンパス自体もとても広く、建物も古いので否応なしに伝統を感じます。

専門での勉強は就活、資格（司法試験）などに直結してきます。さらに、キャンパス内をスーツで歩いている人が多く、就活までの時間が迫って来ているのを実感させられます。大学院に進学する人も、院試までの時間が迫って来ています。

そういうわけで、本郷キャンパスに移ると、いよいよ世間一般の「東大」のイメージに近づいてきます。さすが東大生というべきか、勉強を始めたらその吸収力はすさまじいものがあります。周囲の友人を見ていても、駒場時代に遊んでいた人が専門になった途端に猛烈な勢いで勉強を始めて、非常に優秀な成績を取っていることもあります。

専門になり、おのずと勉強時間は増えます。図書館にいくと真面目に勉強している人がたくさんいます。お蔭で自然と勉強をする気になれます。

授業の内容も高度になりますが、その分野で日本の最先端の研究をしている先生から直接教えていただけることは、大変貴重なことです。高度な内容も必死に予習復習してついていくと、必ず身になります。

人によりけりですが、しっかり勉強したい人は本郷で学べばそれなりに満足できるだろうと思います。

●東大のメリット

まず初めに、多様な友達ができることです。東大は全国から受験者がやってきます。そのお蔭で、全国津々浦々出身の人々と交流することになります。それに加えて留学生も世界各国からやってくるので、外国の方と友達になることもできます。留学生の集まりなどに積極的に参加すれば、自然と英語を話すことになりますし、国際感覚も身に付きます。

二つ目に、言わずもがな高度な教育を受けることができます。教育制度や教育方法については学生の間からよく不満が聞こえますが、日本の中では一応最高の教授陣が揃っています。何より、周囲に優秀な学生がいるので、彼らと競えば自然と高度な学習意識が芽生えます。私は駒場時代にはあまり感じませんでしたが、本郷にいくと学習環境としては素晴らしいところにいるのだと思いました。

三つ目に、立地です。キャンパスが都心にあるのでどこへ行くにも便利です。バイトや就活のときには、都心でアクセスがいいことはやはり大きな利点になります。他にも飲食店が周りにあるので便利です。駒場には「千里眼」という名物ラーメン屋があるので、是非行ってみることをオススメします。

四つ目にネームバリューです。なんやかんや、東大です。多くの人がその名前を知っています。決して東大だからモテるとか、そういったことではありませんが、「東大」という肩書きにはそれなりの価値があると思います。「東大生です」と言うと信用を得られることもあります。例えば警察官に職務質問されたときに、学生証を出したところ突然対応が丁寧になったとかいうことはよく聞きます。

●東大のデメリット

「東大のデメリットは何か」と東大生の友達に聞いたところ真っ先に上がって来たのが「男女比」でした。東大は、女子が男子の5分の1以下しかいません。おのずと女性と交流する機会が減ります。しかしここのところはインカレサークル（他大学生も入れるサークル）に加入することで解決を試みる人が多いようです。

次に、専門科目が始まるのが遅いことです。既に述べたとおり、東大において専門科目は3年次から始まります。それまでは教養学部でぼんやりとした学問のことを学ぶので、専門をすぐに学びたいという人からすると少し不満かもしれません。

以上、東大のメリットとデメリットを挙げてきましたが、これですべてではないかと思います。

一つ確実に私が思うのは、「東大に入ってよかった」ということです。当然不満なところもありますし、決して完璧な大学だとは思いません。しかし、優秀な仲間と一緒に勉強できる空間と、それをサポートしてくれる環境にいられることに喜びを感じています。

実際のところはどうなのか、皆さん自身で確かめていただきたいところであります。

◆東大生オススメの塾◆

鉄緑会

中高一貫校生対象の大学受験専門塾。中1から東大合格に的を絞ったカリキュラムを組むことで、確実に東大に合格する実力を養成する。

開成、桜蔭、筑駒をはじめとする6年一貫の一流校16校を指定し、その在校生のうちさらに厳しい入塾テストに合格した者のみを受け入れている。レベルの高い環境にあり、なおかつ鉄緑会の指導についていける高い学力を有することを確認したうえで受け入れるための制度だ。特に優秀ならば、指定校以外の生徒にも門戸を開いている。

講師陣は東大卒の専任講師を中心に東大・東大卒業生の中から厳選されており、自らの経験によって裏打ちされた指導を行う。講師の過半数が東大理Ⅲ・医学部出身者であるため、医学部を目指す学生にとって具体的な相談相手や目標ともなる。鉄緑会出身で東大理Ⅲ合格後に講師を志望する者も多い。

独自カリキュラムに基づいて作成された教材は、ひとつの問題に対して複数の有効なアプローチ法を提示し、答案作成時の注意点にまで踏み込む密度の高いもの。万全な学習態勢を作るための家庭学習用問題集と、授業終了後の徹底した居残り指導によって、疑問点を決して残さないようにしている。

〒151-0053
東京都渋谷区代々木2-4-9 NOF新宿南口ビル3F
［JR新宿駅サザンテラス口徒歩2分］
TEL 03-3375-6893［14時～19時］

●現役専門
●今年度理Ⅲ合格者46名（うち大阪校22名）
●主な在籍生徒数[開成504名、桜蔭503名、筑駒370名など]
●入会金2万円
●授業料（高3・9ヶ月・1科目）［英数理16万8140円、国社13万2500円］
複数受講の場合は漸次割引

◉大阪校　〒532-0012　大阪市北区芝田2-1-18西阪急ビル3F
TEL 06-6485-0170
大阪校は京大医、阪大医の講師が多く、東京校と同じカリキュラムと教材に基づいた指導を行っている。

来年以降の東京大学合格者の皆様へ
限られた日程の中で、出来るだけ多くの合格者の方々に連絡を取りたいと考えております。取材、原稿執筆へのご協力をお待ちしております。
TEL：03-5334-7555
FAX：03-5334-7556
E-Mail：web@data-house.co.jp
データハウス編集部

二十四人の東大生が東大合格のコツ詳しく教えます

2014年9月17日　初版第1刷発行

編　著　「東京大学への道」指導会
発行者　鵜野義嗣
発行所　株式会社データハウス
〒160-0023　東京都新宿区西新宿4-15-19
☎ 03-5334-7555（代）
HP http://www.data-house.info/
印刷所　三協企画印刷
製本所　難波製本

ISBN978-4-7817-0181-3　C7037

東大入試のための必勝テクニックを現役東大生が解説した、東大数学のちょっとした小技集!!
1500円

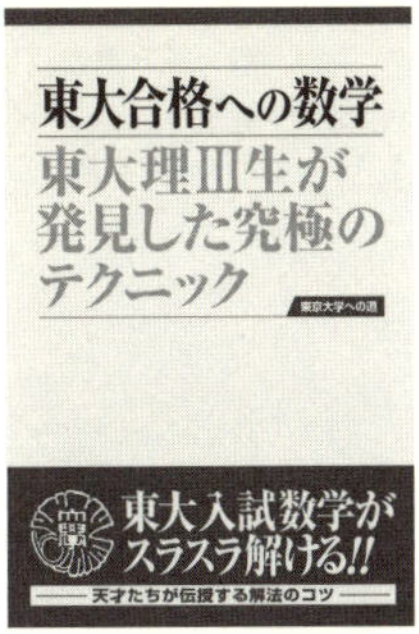

現役の東大理Ⅲ生が頻出過去問を中心に解説、東大数学合格への究極のテクニックを紹介。
1500円

現役の東大文Ⅰ生が頻出過去問を中心に解説、東大英語合格への究極のテクニックを紹介。
1500円

開成高校主席、東大合格を果たした著者による驚異の実践的記憶術！
1300円

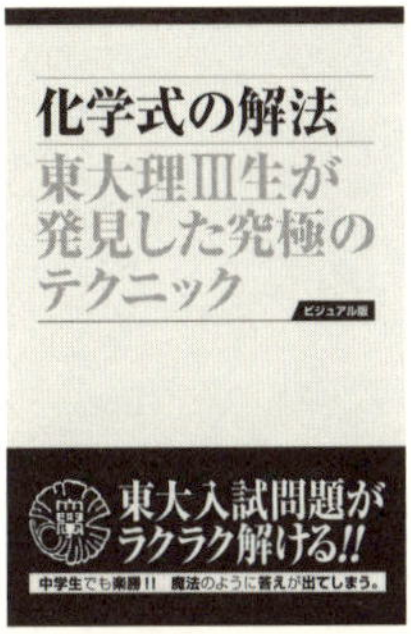

東大理Ⅲ生が発見した究極のテクニックを公開、東大入試問題がラクラク解けると大評判。
1500円

最高レベルの問題を分かりやすく、丁寧に解説した東大物理攻略の基本テキスト。
1500円

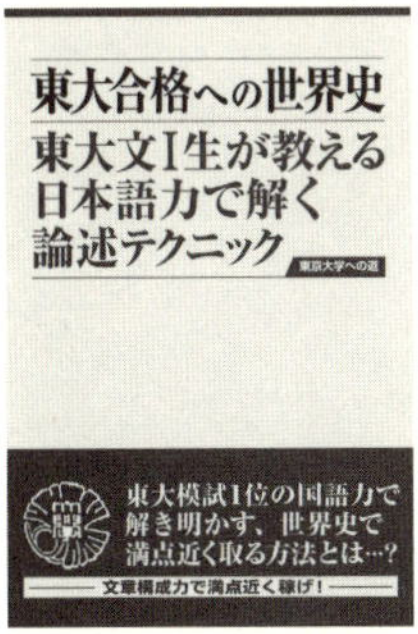

現役東大生が解説する「東大入試のための世界史」その体験に基づいた最新の世界史攻略法を、東大の過去問を中心として伝授。
1500円

リスニングのプロフェッショナルが確立した10日間の集中プラクティス。わずか10日でリスニングのコツをマスター!!
1600円

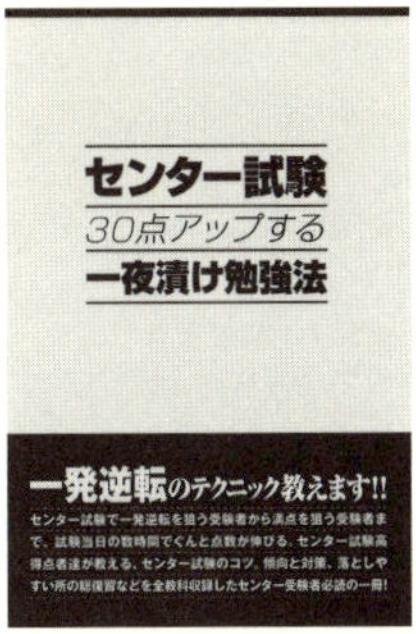

センター試験得点率９割以上の東大生たちによる、センター試験完全攻略法！
1400円